Práctica Oral en Español

기초 스페인어 스피치

| 이강국 · 성초림 · 김준한 · 곽재용 |

HU:iNE

머리말

대학에서 스페인어를 가르치고 있다는 이유로 스페인어 학습 방법에 관한 질문을 자주 받는다. 흔히들 '공부에는 왕도가 없다'고 하는데, 외국어 학습의 경우 이 말이 더욱 설득력을 갖는 이유는 외국어 학습이야 말로 꾸준한 노력과 시간 투자를 필요로 하는 분야이기 때문일 것이다. 하지만 아무리 외국어 학습에 절대 왕도가 없다고 해도, 투자한 노력과 시간 대비 가장 효율적인 결과를 얻을 수 있는 '좋은 방법'은 존재한다. 학교와 현장에서 많은 경험을 쌓은 전문가들이 주저 없이 추천하는 방법은 의외로 간단하다. 바로 '입으로 암송하는 학습 방법', 즉, 자기 입으로 발음한 문장들을 직접 귀로 들으며 암기하는 학습 방법이다. 오래 전부터 어학 학습의 왕도로 알려져 왔던 이 방법은 그 단순함과 오랜 역사로 인해 최근 들어서는 뭔가 특별하고 새로운 비법을 찾는 학습자들의 관심 밖으로 밀려나 있었다. 그러나 이 책에서는 기존의 방법을 응용해 새로운 외국어 학습법을 모색해 보고자 한다.

이 책의 의도는 스페인어 초보 학습자들이 외국인 친구를 만났을 때 '나와 내 주변의 여러 상황에 대해' 나눌 수 있는 이야기 거리, 또는 받을 수 있는 질문에 대한 답을 샘플로 제공하려는 것이다. 이를 암기하고 큰 소리로 되풀이 해 봄으로써 스페인어 문장과 내용을 자기 것으로 만들고, 실생활에서 유용하게 응용할 수 있도록 하는 것이다. 이 책에서 사용된 인명, 지명, 기관명 등도 단순한 예시에 불과하다. 따라서 학습자 개인의 상황에 맞게 바꾸어 사용하기 바란다.

이 책은 실생활에서 쓰일 가능성이 높은 상황이나 이야기 거리가 될 만한 주제를 선택하여 각과를 구성하였다. 과별 내용과 수준은 초급스페인어 학습자를 대상으로 하는 만큼, 1~13과까지는 일상의 주제를 배경으로 한 대화 형식으로, 14~24과까지는 자기 및 가족 소개, 한국의 자연환경, 문화, 풍습, 역사 등에 관련된 설명문으로 구성하였다. 과별로 해석과 문법 사항에 대한 설명을 첨가함으로서 학습자들이 혼자 힘으로도 본문을 쉽게 이해하고 문법 지식 또한 높일 수 있도록 하였다.

이 책의 모든 스페인어 문장은 Alfonso Macías와 Sara Torres 두 원어민교수가 꼼꼼히 교정을 봄으로써 내용 및 문장의 완성도를 높였다. 원어민 교수들이 녹음한 본문 파일을 MP3 등을 이용해서 반복해 듣다 보면 자신도 모르는 사이에 점점 귀가 열리고 말하는 데에도 자신이 생기는 것을 발견하게 될 것이다.

끝으로 이 책이 출판되기까지 많은 분들의 도움이 있었다. 누구보다도 지난 수년간 원고를 꼼꼼히 체크해 주신 주변의 모든 선성님들께 감사의 말씀을 올리고 싶다. 문장과 내용을 일일이 교정하고 조언해 주신 두 외국인 교수님께도 깊은 감사를 드린다. 또 이 책이 출판될 수 있도록 지원과 수고를 아끼지 않으신 지식출판콘텐츠원 관계자들께도 감사드린다.

2019년 2월

저자 일동

목차

Lección 1 ¡Hola! ¿Qué tal?

¡Hola!
Encantado(a).
Mucho gusto.
¡Bienvenido(a)!

Buenos días.
Buenas tardes.
Buenas noches.

¿Qué tal?
¿Cómo estás?
¿Qué hay?
¿Cómo te va?
¿Qué pasa?

Bien, gracias. ¿Y tú?
Muy bien, gracias.
No estoy bien.
Estoy mal.
Estoy cansado(a).
Estoy agotado(a).
Estoy resfriado(a).
Tengo dolor de cabeza.

Hasta mañana.
Hasta luego.
Hasta la vista.
Hasta pronto.
Adiós.
Chao.

제 1 과 안녕! 어떻게 지내니?

안녕!
반가워.
반가워.
환영해!

안녕. (아침인사)
안녕. (점심인사)
안녕. (저녁인사)

어떻게 지내니?
어떻게 지내니?
무슨 일 있니?
어떻게 돼 가니?
무슨 일이니?

잘 지내, 고마워. 너는?
아주 잘 지내, 고마워.
좋지 않아.
나빠.
피곤해.
녹초가 됐어.
감기에 걸렸어.
머리가 아파.

내일 보자.
다음에 보자.
나중에 보자.
곧 다시 보자.
잘 가.
안녕.

문법 설명 및 구문 응용

◈ ¡Hola!

타인과 서로 만날 때 나누는 인사말로 친근한 사이에서 주로 쓴다. 윗사람에게나 격식을 갖추어야 하는 대상에게는 ¿Cómo está Ud.?이라고 하는 것이 좋다.

스페인어에서 느낌표와 물음표는 문장의 시작 부분과 끝 부분에 다음과 같이 표기한다.

> ¡Hola!
> ¿Cómo está Ud.?

◈ Encantado(a)

상대를 만나 반갑다는 의미의 인사말로, 이 표현을 말하는 사람이 남자인 경우에는 Encantado, 여자인 경우에는 Encantada가 된다.

◈ Mucho gusto.

gusto는 "취미, 좋아함, 즐거움"의 의미인 남성명사이고 mucho는 "많은"의 의미로써 명사 gusto를 수식하는 형용사이다. 이 표현 역시 "당신을 알게 돼서 매우 기쁘다"는 의미로 쓰인다.

참고로, 전치사 con이 첨가되어 con mucho gusto가 되면 "기꺼이"라는 의미의 부사구가 된다.

◈ ¡Bienvenido(a)!

"환영합니다"라는 의미의 인사말로, 상대방(인사말을 듣는 사람)이 남자인 경우에는 Bienvenido, 여자인 경우에는 Bienvenida가 된다. 듣는 사람이 복수인 경우에는 Bienvenidos 또는 Bienvenidas가 된다.

◈ Buenos días./ Buenas tardes./ Buenas noches.

각각 아침, 점심, 저녁에 "안녕하세요"라는 의미로 사용하는 인사말이다. 이 표현에 나타나는 días, tardes, noches는 모두 복수 명사로 그 단수형은 각각 día "일(日), 낮", tarde "오후", noche "밤"이라는 의미이다. 인사말에서는 일반적으로 복수로 써야 한다. día는 남성명사이고, tarde와 noche는 여성명사이다.

◈ ¿Qué tal?/ ¿Cómo estás?

"안녕?" 또는 "어떻게 지내니?"라는 의미로서 주로 가깝고 친근한 상대에게 쓴다. Qué는 "무엇", Cómo는 "어떻게"라는 의미로 사용되는 의문사이다. ¿Qué tal?에서 tal은 "그렇게, 그런 식으로"라는 의미의 부사로서 의문사 Qué와 함께 "어떻게 지내니?"라는 의미가 된다. 주로 동사 없이 쓰이지만, estar 동사와 함께 쓰일 수도 있다. ¿Cómo estás?는 친근한 상대인 '너 (tú)'에게 "너 잘 지내니?"라는 표현으로 쓰이지만, 상대가 윗사람인 경우에는 ¿Cómo está Ud.?이라고 해야 한다.

스페인어에서는 동사가 인칭과 수에 따라 변화하기 때문에 주격 인칭대명사를 생략할 수 있다. 주격 인칭대명사와 이에 따른 estar 동사의 변화형은 다음과 같다.

수 / 인칭	단수		복수	
1	yo	estoy	nosotros/as	estamos
2	tú	estás	vosotros/as	estáis
3	usted él ella	está	ustedes ellos ellas	están

Usted과 Ustedes는 각각 Ud.과 Uds.와 같이 약어로도 쓰인다.

¿Qué hay?, ¿Cómo te va?, ¿Qué pasa? 등도 이들과 유사한 의미로 사용되는 표현이다.

hay는 인칭과 수에 따른 변화 없이 '존재 유무("~이 있다/ 없다")'를 나타낸다. 따라서 "무슨 일이니?"라는 의미에 더 가깝지만 ¿Qué tal?과 같이 단순히 안부를 묻는 의미로 쓰인다. 별 일 없다는 의미의 대답으로는 Nada, gracias(아무 일 없어, 고마워.)라고 하면 된다.

va는 불규칙 동사인 ir(가다)의 직설법 현재 3인칭 단수 변화형이며, te는 "너에게"라는 의미의 간접목적격대명사이다. 즉, "너에게 어떻게 돼가니?", "어떻게 지내니?"라는 의미이다. 대답은 긍정인 경우에는 Me va bien, 또는 Bien이라고 하면 된다.

pasa는 제1변화 규칙동사인 pasar(지나가다, ~이 생기다)의 직설법 현재 3인칭 단수 변화형이다. 특별한 일 없다는 의미로 대답을 할 경우 Nada, gracias라고 하면 되고, 일이 있는 경우에는 그 일을 설명하면 된다.

위 문장들에서 쓰인 간접목적격대명사의 변화는 다음과 같다. 1, 2인칭의 경우에는 직접목적격대명사도 형태가 동일하다. 단지 3인칭의 경우에만 서로 다르다.

인칭 \ 수	단수		복수	
1	me		nos	
2	te		os	
3	간접	남, 여 le	간접	남, 여 les
	직접	남 lo (le) 여 la	직접	남 los 여 las

사람을 지칭하는 3인칭 남성에 한해 lo / los 대신 le / les를 쓰기도 한다.

◈ Bien, gracias. ¿Y tú?/ Muy bien, gracias.

¿Cómo estás? 또는 ¿Qué tal?에 대한 답으로 쓸 수 있는 표현이다. 대체로 상대방이 안부를 묻는데 대한 답례로 "너는 어떠니?" 또는 "당신은 어떠십니까? (¿Y Ud.?)"라고 되물어주는 것이 예의이다. Bien과 Muy bien 앞에는 estar동사의 1인칭 단수(yo) 변화형인 estoy가 생략되어 있는 것이다. 건강이나 기분의 상태에 따라 다음과 같은 표현들을 쓸 수 있다.

Mal. 안 좋아.
Muy mal. 무척 안 좋아.
No bien. 별로 안 좋아.
Así, así. 그저 그래.
Estoy cansado. 피곤해. (주어가 '나'이면서 남성 단수인 경우)
Estás agotada. 녹초가 됐어. (주어가 '너'이면서 여성인 경우)
Están cansadas. 피곤해.
(주어가 '그녀들' 혹은 '당신들(모두 여성)'인 경우)
Estamos resfriados. 우리 감기 걸렸어.
(주어가 '우리'이면서 남성이거나 남녀혼성복수인 경우)

◈ Tengo dolor de cabeza.

"머리가 아프다"는 표현이다. 직역하면 "머리의 통증을 갖고 있다"가 된다. tener는 "~을 갖다"라는 의미의 불규칙 변화동사이며, dolor는 "통증, 고통"이라는 의미이고 cabeza는 "머리"이다. "~는 ~가 아프다"라는 표현은 이처럼 『tener dolor de + 신체부위』 형식으로 표현한다.

인칭과 수에 따른 tener동사의 변화형은 다음과 같다.

수 / 인칭	단수	복수
1	tengo	tenemos
2	tienes	tenéis
3	tiene	tienen

동사 doler를 통해서도 본문의 문장처럼 신체부위의 고통을 표현할 수 있다. 가령 "나는 머리가 아프다"는 Me duele la cabeza라고 표현할 수 있는데 이 문장에서는 통증의 부위가 동사 doler의 문법적 주어이며 고통을 겪는 사람은 간접목적격으로 나타낸다.

아래의 표현들도 익혀두면 유용하게 사용할 수 있다.

Me duele el estómago. 나는 배가 아프다.
¿Te duelen las piernas? 너 다리 아프니?
A ella le duele la mano derecha. 그녀는 오른손이 아프다.

◈ Hasta mañana./ Hasta luego./ Hasta la vista./ Hasta pronto.

hasta는 "~까지"라는 의미로 Hasta mañana는 "내일까지"라는 의미이며 여기서는 "내일 다시 만날 때까지 잘 지내라."와 같은 의미의 표현이다. 따라서 상황별로 다음의 표현들이 모두 가능하다.

Hasta ahora. 곧 다시 보자.
Hasta el lunes. 월요일에 보자.
Hasta la próxima semana. 다음 주에 보자.

◈ Adiós./ Chao.

헤어질 때 나누는 인사로써 같은 의미이다. 이 밖에도 헤어질 때 상황에 따라 다음과 같은 표현들도 쓸 수 있다.

¡Suerte! 행운을 빌어!
¡Cuidado! 조심해!
¡Buen viaje! 여행 잘 해!

계절, 월, 요일의 명칭

◈ 계절

봄	primavera	여름	verano
가을	otoño	겨울	invierno

◈ 월

1월	enero	2월	febrero
3월	marzo	4월	abril
5월	mayo	6월	junio
7월	julio	8월	agosto
9월	septiembre	10월	octubre
11월	noviembre	12월	diciembre

◈ 요일

월요일 lunes

화요일 martes

수요일 miércoles

목요일 jueves

금요일 viernes

토요일 sábado

일요일 domingo

Lección 2 Mi nombre es Carlos

Carlos : ¡Hola, encantado! Mi nombre es Carlos.

Soyoung : Mucho gusto. Soy Soyoung. ¿De dónde eres?

Carlos : Soy de México. ¿Y tú?

Soyoung : Soy de Corea.

Carlos : ¿Eres estudiante?

Soyoung : Sí, soy estudiante de la Universidad Hankuk de Estudios Extranjeros. Estudio Traducción e Interpretación de Español ¿Y tú?

Carlos : Yo soy estudiante de la Universidad Nacional Autónoma de México. Estudio Política Internacional.

Soyoung : Bueno, encantada de conocerte.

Carlos : Igualmente. Hasta luego.

Soyoung : Hasta la vista.

제 2 과 내 이름은 까를로스야

까를로스 : 안녕, 반가워! 내 이름은 까를로스야.
소　　영 : 반가워. 나는 소영이야. 너는 어느 나라 출신이니?
까를로스 : 나는 멕시코 출신이야. 너는?
소　　영 : 나는 한국 출신이야.
까를로스 : 학생이니?
소　　영 : 응, 난 한국외국어대학교 학생이야. 스페인어통번역을 공부해. 너는?
까를로스 : 나는 멕시코 국립자치대학교 학생이야. 국제 정치를 공부해.
소　　영 : 그렇구나, 너를 알게 돼서 반가워.
까를로스 : 나도 마찬가지야. 다음에 보자.
소　　영 : 나중에 보자.

문법 설명 및 구문 응용

◈ Mi nombre es Carlos.

자신의 이름을 소개할 때 쓰는 구문이다. Mi는 "나의"라는 의미를 갖는 인칭대명사 소유격이다. 이 인칭대명사 소유격은 인칭과 수에 따라 다음과 같이 변화한다.

인칭 \ 수	단수	복수
1	mi	nuestro/a
2	tu	vuestro/a
3	su	su

es는 ser 동사의 직설법 현재 3인칭 단수 변화형으로 ser동사는 주어의 인칭과 수에 따라 다음과 같이 변한다.

인칭 \ 수	단수	복수
1	soy	somos
2	eres	sois
3	es	son

위 문장 Mi nombre es Carlos.와 같은 의미로 다음의 구문들을 쓸 수 있다.

Soy Carlos. 나는 까를로스이다.
Me llamo Carlos. 나의 이름은 까를로스이다.

본래 llamar 동사는 "~를 부르다"는 의미의 타동사이지만 위 문장 Me llamo Carlos에서는 자기 자신을 목적어로 삼는 재귀동사로도 쓰인다. 동사원형은 llamarse로 나타낸다. 인칭과 수에 따른 재귀대명사 se와 동사 llamar의 변화는 다음과 같다.

인칭 \ 수	단수	복수
1	me llamo	nos llamamos
2	te llamas	os llamáis
3	se llama	se llaman

- ¿Cómo te llamas? 너의 이름은 무엇이니?
- Me llamo Pedro. 나는 뻬드로야.
- ¿Cómo se llama ella? 그녀의 이름은 무엇이니?
- Se llama María. 마리아야.

◈ ¿De dónde eres?/ Soy de México.

de는 기원이나 출신을 표현할 때 사용하는 전치사이다. dónde는 위치 혹은 장소를 나타내는 의문사이고 『ser de』는 "~출신이다"라는 의미의 표현으로, ¿De dónde eres?는 "너는 어느 나라/ 어디 출신이니?"라는 의미의 문장이 된다. 이에 대한 대답은 『Soy de + 지명(국가, 도시 등)』의 구문을 사용한다. 이 표현은 『ser + 지명 형용사』로도 나타낼 수 있다.

Soy de México. 나는 멕시코 출신/ 사람이다.
(= Soy mexicano(a).)
Tú eres de Corea. 너는 한국 출신/ 사람이다.
(= Tú eres coreano(a).)
Ella es de España. 그녀는 스페인 출신/ 사람이다.
(= Ella es española.)

전치사 de는 소유 또는 소속을 나타내는 데도 쓰인다.

Soy estudiante de la Universidad Hankuk de Estudios Extranjeros.
나는 한국외국어대학교 학생이다.
Yo soy de la Universidad Nacional Autónoma de México.
나는 멕시코국립자치대학교 학생이다.

◈ Estudio Traducción e Interpretación de Español/ Política Internacional.

Estudio는 estudiar(공부하다)의 직설법 현재 1인칭 단수 변화형이다. estudiar는 인칭과 수에 따라 다음과 같이 변하는 제1변화 규칙동사이다.

수 / 인칭	단수	복수
1	estudio	estudiamos
2	estudias	estudiáis
3	estudia	estudian

Traducción e Interpretación de Español은 "스페인어통번역"이라는 뜻이다. e는 "그리고"라는 의미의 접속사 y가 유사한 발음인 [i]로 시작되는 단어 앞에 출현할 때 쓰이는 변이형이다. Política Internacional의 경우에서 보듯이, 스페인어에서 uno, dos 등과 같은 수사, mucho, poco와 같이 수량을 나타내는 형용사 등을 제외한 일반 형용사는 대체로 명사 뒤에 위치한다. 전공학문을 나타내는 경우에는 대문자를 쓴다.

생활가구 및 소품

el armario	옷장
la cama	침대
la cajonera	서랍장
la cómoda	콘솔
la cortina	커튼
el espejo	거울
la estantería	책꽂이
el florero	꽃병
la lámpara	전등
la litera	이층침대
la mesa de comedor	식탁
la mesilla de noche	나이트 테이블
el reloj de la pared	벽시계
la silla	의자
el sillón	큰 의자
el sofá	소파
el sofá-cama	침대겸용소파
la tabla de planchar	다림질 판
el tendedero	의류건조대
el tocador	화장대
la vitrina	장식장

Lección 3 ¿Dónde está la Plaza Mayor?

Turista : Señorita, ¿dónde está la Plaza Mayor?

Señorita : Siga todo recto y gire a la izquierda en la tercera esquina. Allí está.

Turista : ¿Hay restaurantes por allí?

Señorita : Claro que sí. En la plaza hay muchos restaurantes y cafeterías bonitas al aire libre.

Turista : ¿Hay alguna sala de internet cerca de aquí?

Señorita : Lo siento. No lo sé.

Turista : Gracias. Y también quiero saber dónde está el tablao Corral de la Morería.

Señorita : Ah, ese tablao está junto al Palacio Real. Está un poco lejos de aquí.

Turista : Gracias. Ud. es muy amable.

Señorita : De nada. Adiós.

제 3 과 마요르 광장은 어디에 있습니까?

관광객 : 아가씨, 마요르 광장은 어디에 있나요?

아가씨 : 곧장 가세요, 그리고 세 번째 모퉁이에서 왼쪽으로 도시요. 거기에 있어요.

관광객 : 그 쪽에 식당들이 있나요?

아가씨 : 물론이지요. 광장에는 식당들과 예쁜 노천카페들이 많이 있어요.

관광객 : 이 근처에 인터넷 방이 있나요?

아가씨 : 미안합니다. 그건 모르겠어요.

관광객 : 감사합니다. 그리고 Corral de la Morería라는 타블라오(플라멩꼬 공연장)가 어디에 있는지도 알고 싶은데요.

아가씨 : 아, 그 따블라오는 왕궁 바로 옆에 있어요. 여기서 조금 멀어요.

관광객 : 감사합니다. 무척 친절하시군요.

아가씨 : 천만에요. 안녕히 가세요.

문법 설명 및 구문 응용

◈ ¿Dónde está la Plaza Mayor?

estar 동사는 주어의 '상태'를 나타내기도 하지만, "~에 위치해 있다"고 표현할 때도 쓴다. 따라서 주로 위치를 나타내는 전치사(구)나 부사(구)가 함께 쓰인다.

> El libro está en la mesa.
> 책은 책상 위에 있다.
> Mi casa está cerca del parque.
> 나의 집은 공원 근처에 있다.

◈ Madrid의 Plaza Mayor

마드리드의 중심에 위치한 태양의 문이라는 뜻인 Puerta del Sol에서 도보로 2~3분 정도의 거리에 있다. 수도를 마드리드로 옮긴 Felipe II세가 1580년 당시까지 무질서하게 시장으로 사용되던 자리에 광장을 건설하기 시작한다. 이 공사는 1619년 Felipe III세 때에 가서야 완공된다. 넓이는 129x94m의 직사각형이며, 3층 (우리나라의 4층) 높이의 건물로 둘러쌓여 있다. 광장 한 복판에 서 있는 Felipe III세의 기마상은 1848년에 세워진 것이다. 1층에는 카페와 식당들이 들어서 있다. 각종 행사와 축제가 벌어지며 시민들의 휴식처로 애용되고 있다.

◈ Siga todo recto y gire a la izquierda [...].

siga는 seguir(~을 따라가다)의 단수 명령형이다. 여기서는 의미상 2인칭이지만 동사변화는 접속법 3인칭 활용형을 취하는 Ud.에 대한 명령이다. gire 역시 girar(돌다)의 3인칭 단수 명령형이다. a la izquierda는 a la mano izquierda의 줄임말이다. 즉 "왼쪽으로"라는 뜻이다. "오른쪽으로"는 a la derecha라고 한다.

위 유형의 문장은 길 묻기 상황에서 많이 쓰이는 표현이므로 마치 숙어처럼 익혀두면 유용하게 활용할 수 있다. 명령형에 대해서는 동사변화표를 참조하기 바란다.

◈ ¿Hay restaurantes por allí?

비인칭 구문으로 목적어의 '존재 유무'를 나타낼 때 hay가 쓰인다. estar가 명시적인 주어와 함께 쓰이는 반면에 hay는 비명시적인 목적어를 동반한다. 따라서 hay의 목적어로 '고유명사'는 쓰이지 않으며 목적어에 '정관사'가 동반되지도 않는다. 아래의 문장과 비교해보자.

La cafetería Planetaria está en la calle Antonio Machado.
카페테리아 쁠라네따리아는 안또니오 마차도 거리에 있다.
Hay muchas cafeterías en la calle Hiruela.
이루엘라 거리에는 많은 카페테리아가 있다.

por(~쪽에)를 이용하는 표현 이외에 '장소'를 나타내는 부사구로는 다음과 같은 것들도 있다.

cerca de	~가까이에
lejos de	~로부터 멀리
debajo de	~밑에
encima de	~위에
enfrente de	~정면에
al lado de	~옆에
junto a	~바로 옆에

◈ Claro que sí.

"물론이지요"라는 의미로써 다음 표현들도 유사한 의미로 쓰인다.

Claro.
Por supuesto.
¿Cómo no?

◈ sala de internet

우리나라의 PC방처럼 이메일을 주고받거나 필요한 자료를 출력할 수 있는 곳이다. 주요 관광지나 시내에서 어렵지 않게 찾을 수 있다. 한국 사람들이 많이 왕래하는 곳에는 한글프로그램이 설치되어 있는 곳도 있다. cibercafé라고도 한다.

◈ Lo siento.

sentir는 "～을 느끼다" 또는 "～을 유감스럽게 생각하다"라는 의미로 쓰인다. 여기서는 후자의 뜻으로 쓰인 것으로써, 흔히 "미안합니다"라고 해석된다. 인칭과 수에 따른 변화는 다음과 같다.

수 / 인칭	단수	복수
1	siento	sentimos
2	sientes	sentís
3	siente	sienten

그러나 실제로 말이나 행동을 잘못해서 상대방에게 사과할 때는 Perdón이라는 표현을 쓴다.

◈ No lo sé.

sé는 불규칙동사 saber(～을 알다)의 직설법 현재 1인칭 단수 변화형이다. 인칭과 수에 따라 다음과 같이 변화한다.

인칭 \ 수	단수	복수
1	sé	sabemos
2	sabes	sabéis
3	sabe	saben

타동사이므로 단어를 목적어로 취하기도 하지만 문장도 취할 수 있다. 따라서 상황에 따라 아래와 같이 여러 가지 문장을 응용해 쓸 수 있다.

Sabemos hablar español. 우리는 스페인어를 말할 줄 안다.
Yo sé dónde vive María. 나는 마리아가 어디 사는지 안다.
¿Sabe Ud. cómo está Pedro?
당신은 뻬드로가 어떻게 지내는지 아십니까?
¿Sabes de dónde es ella?
너는 그녀가 어디 출신인지 아니?

◈ Y también quiero saber dónde está el tablao [...]

주절과 종속절로 이루어진 복문이다. ¿dónde está?(어디 있습니까?)라는 의문문이 종속절의 유형으로 주절의 동사인 quiero saber의 목적어 역할을 하고 있다. 따라서 이 문장은 "어디에 있는지를 알고 싶다"라는 뜻이 되는 것이다.

조동사인 querer는 "~을 원하다, 좋아하다"라는 의미로써 동사원형을 직접 취한다. 인칭과 수에 따라 다음과 같이 변화한다.

인칭 \ 수	단수	복수
1	quiero	queremos
2	quieres	queréis
3	quiere	quieren

"~을 알다"라는 의미로 쓰이는 conocer와 saber의 차이를 알아두는 것이 좋다. saber는 주로 "(어떤 사실을) 알다"라는 의미로 쓰이는 반면에 conocer는 "(사람이나 도시 등을 만나거나 방문하여) 알다"라고 할 때 쓰인다. 인칭과 수에 따른 conocer의 변화형은 다음과 같다.

인칭 \ 수	단수	복수
1	conozco	conocemos
2	conoces	conocéis
3	conoce	conocen

Conozco bien a María. 나는 마리아를 잘 안다.
¿Conoces Madrid? 너 마드리드 가 본적 있니?

◈ el tablao

본래는 "널빤지"나 "널빤지로 만든 대"를 가리키는 tablado에서 나온 말로써, '플라멩코 공연장'을 가리킨다. 플라멩코를 공연하는 무대가 "널빤지"로 만들어진 데서 유래된 말로 두 모음 사이에 있는 -d-가 탈락된 형태이다. 주로 안달루시아 지방에서 이러한 음운 현상이 눈에 띈다.

플라멩코는 기타와 손뼉으로 박자를 맞추며 추임새를 넣는 반주와 노래, 춤이 어우러진 집시들의 전통 예술이다. 특히 안달루시아의 춤과 노래가 유명하다. 마드리드, 세비야, 그라나다 등에 최고의 공연을 볼 수 있는 tablao들이 여러 곳 있다. 마드리드에서는 Corral de la Morería와 Corral de la Pacheca 등이 유명하다.

여러 가지 장소부사

◈ aquí:

화자(hablante)에 가까운 장소를 의미하고 한국어로는 "여기"로 번역될 수 있다.

Aquí están mis compañeros. 여기 나의 동료들이 있다.

◈ ahí:

청자(oyente)에 가까운 장소를 의미하고 한국어로는 "거기"로 번역될 수 있다.

Enseguida vamos hacia ahí. 우리는 곧 그 쪽으로 간다.

◈ allí:

화자, 청자 모두로부터 멀리 있는 장소를 의미하고 한국어로는 "저기/거기"로 번역될 수 있다.

Allí hay una aldea. 저기 마을이 하나 있다.

◈ acá:

aquí와 동일한 의미인 "여기"로 번역될 수 있으며 주로 라틴아메리카에서 사용된다.

Siéntate más acá. 좀 더 이쪽으로 앉아라.

◈ allá:

allí와 동일한 의미인 "저기/거기"로 번역될 수 있다.

Por allá hay mucha gente. 저쪽에 많은 사람들이 있다.

◈ 참고

『aquí y allí』, 또는 『acá y allá』라는 표현은 "여기 저기"라는 뜻으로 사용될 수 있다.

La habitación está desordenada con muchos libros aquí y allí (=acá y allá).
여기 저기 많은 책들로 방이 어질러져 있다.

Lección 4 Hablando con una amiga extranjera en la universidad

Carola : Hola, encantada. ¿De dónde eres?

Minki : Soy de Corea. ¿Y tú?

Carola : Soy peruana. ¿Qué estudias aquí?

Minki : Estudio español. Me gusta aprender idiomas.

Carola : ¿En qué curso estás?

Minki : Estoy en el curso intensivo, nivel básico. Todavía no hablo bien el español.

Carola : No, hombre. Lo hablas bastante bien. Me entiendes muy bien.

Minki : Pero aún necesito practicarlo más para poder hablar con fluidez. Y tú, ¿qué estudias?

Carola : Estudio culturas orientales, especialmente la cultura gastronómica. ¿Cuál es la comida principal de tu país?

Minki : Arroz y kimchi. Y vosotros, ¿qué coméis?

Carola : Carne, pescado, verduras, etc.

Minki : Bueno, mucho gusto en conocerte. Adiós.

Carola : Adiós. Hasta luego.

제 4 과 외국인 친구와의 대화

까롤라 : 안녕, 반가워. 너는 어느 나라 출신이니?
민 기 : 한국 출신이야. 너는?
까롤라 : 나는 페루 사람이야. 여기서 뭘 공부하니?
민 기 : 스페인어를 공부해. 난 언어 배우는 걸 좋아해.
까롤라 : 어떤 과정에 있니?
민 기 : 집중과정인데 기초반이야. 아직 스페인어를 잘 못해.
까롤라 : 아니야. 너는 아주 잘 하고 있어. 내 말을 잘 이해하잖아.
민 기 : 하지만 유창하게 말할 수 있으려면 아직은 (말하는 것을) 더 연습할 필요가 있어. 너는 무엇을 공부하니?
까롤라 : 나는 동양문화, 특히 음식문화를 공부해. 너희 나라의 주식(主食)은 무엇이니?
민 기 : 밥과 김치야. 너희들은 무얼 먹니?
까롤라 : 고기, 생선, 야채 등을 먹어.
민 기 : 그렇구나, 너를 알게 돼서 반가워. 안녕.
까롤라 : 안녕. 다음에 보자.

문법 설명 및 구문 응용

◈ ¿De dónde eres?

"너는 어디 출신이니?"라는 의미로써, 전치사 de는 ser 동사와 함께 '출신', '기원'이나 '재료'를 나타내는 데 사용된다.

위와 같은 질문에 대한 대답으로는 아래와 같은 문장들이 사용된다.

> Soy de Corea. 나는 한국 출신이야.
> Soy coreana. 나는 한국 사람이야(여자).

◈ Me gusta aprender idiomas.

gustar 동사는 형식상 간접목적어("나에게", "너에게", "그에게" 등)를 앞에 취하고 주어를 뒤에 취한다. 따라서 문법적 주어의 수에 따라 3인칭 단, 복수가 주로 쓰인다. 위 문장을 직역하면 "언어 배우는 것이 내게 마음에 든다"이지만, 우리말로는 "나는 언어 배우는 것을 좋아한다"로 번역된다.

> Me gusta cantar canciones españolas.
> 나는 스페인 노래들을 부르는 것을 좋아한다.
> ¿No te gustan las películas coreanas? 너 한국 영화들을 좋아하지 않니?

간접목적어를 강조하고자 할 때나 3인칭의 경우 분명하게 표시하고자 할 때는 전치사 a와 함께 문두에 위치시킨다.

> A mí me gusta estudiar culturas orientales.
> 나는 동양문화 공부하는 것을 좋아한다.
> A ella le gusta viajar. 그녀는 여행하는 것을 좋아한다.
> A él le gustan los cachorros. 그는 강아지들을 좋아한다.

◈ Todavía no hablo bien el español.

hablar(말하다)는 대표적인 제1변화 규칙동사로써 인칭과 수에 따라 다음과 같이 변화한다.

인칭 \ 수	단수	복수
1	hablo	hablamos
2	hablas	habláis
3	habla	hablan

hablar가 목적어로 '언어 명'을 취하는 경우 그 언어 명 앞에는 관사가 자주 생략되며, hablar와 '언어 명' 사이에 부사가 출현할 때는 관사를 쓴다.

Hablamos español. 우리는 스페인어를 할 줄 안다.
Ella habla bien el inglés. 그녀는 영어를 잘 한다.
Felipe habla muy bien el coreano. 펠리뻬는 한국어를 매우 잘 한다.

◈ Me entiendes muy bien.

entender(~을 이해하다)는 타동사이며 직접목적어로 me를 취한 구문이다. 즉 "나를 이해하다"가 되지만, 여기서는 "내가 하는 말을 이해하다"라는 의미이다.

◈ [...] pero aún necesito practicarlo [...].

necesitar(~을 필요로 하다)는 이 문장에서 자신의 보어로 부정사를 직접 취하고 있다. lo는 앞 문장에서 나온 "말하는 것"을 지칭한다. 즉 문장 전체를 대명사로 대체하는 용법으로 중성대명사의 용법이다.

Necesitamos trabajar mucho. 우리는 열심히 일할 필요가 있다.

한편 이처럼 부정사를 직접 자신의 보어로 취하는 동사로는 poder와 querer 등이 있다.

No puedo trabajar más. 나는 더 이상 일할 수 없어.
Queremos descansar un poquito. 우리는 조금 쉬고 싶어.

◈ Y vosotros, ¿qué coméis?

동사 comer(먹다)는 제2변화 규칙동사로써 인칭과 수에 따라 다음과 같이 변화한다.

인칭 \ 수	단수	복수
1	como	comemos
2	comes	coméis
3	come	comen

동사 comer는 자동사와 타동사로 모두 쓰이므로 대화 상황에 따라 comer 뒤에 arroz(밥), kimchi(김치), carne(고기), pescado(생선) 이외에도 pizza(피자), espagueti(스파게티), bulgogui(불고기), verduras(야채) 등 자신이 좋아하는 음식명을 넣으면 된다. 또한 필요에 따라 normalmente(대체로)나 en general(일반적으로) 등의 부사나 부사구를 첨가할 수도 있다.

¿Qué coméis en tu país? 너희 나라에서는 무엇을 먹니?
Normalmente comemos arroz y kimchi.
우리는 대체로 밥과 김치를 먹는다.
En general ellos comen carne y pescado.
일반적으로 그들은 고기와 생선을 먹는다.

의문사 qué와 cuál의 비교

i) 의문사 qué는 '개념'이나 '정보'를 물어보는 문장에서 사용되고 cuál은 주로 '선택'을 요구할 때 사용된다.

¿Qué es la filosofía oriental? 동양철학이란 무엇입니까?
¿Cuál es tu nombre? *cf.* ¿Qué es tu nombre? (x)
네 이름은 뭐니? (누구나 이름이 있다는 가정에서 "너의 이름은 무엇인가?"라는 선택적 의미를 나타냄)

ii) 『qué + 명사』 형태로 cuál의 의미, 즉 선택의 의미를 나타낼 수 있다.

¿Qué película prefieren ellos? 그들은 어떤 영화를 선호합니까?
¿Qué tema tengo que elegir? 어떤 주제를 내가 선택해야 하지?

iii) 위 문장들처럼 스페인 및 대부분 라틴아메리카 지역에서는 『qué + 명사』 형태가 사용되지만 라틴아메리카 일부 지역에서는 『cuál + 명사』 형태를 사용하기도 한다.

¿Cuál película prefieren ellos?
¿Cuál tema tengo que elegir?

Lección 5 Hablando de los medios de transporte

María : ¡Hola! ¿Dónde vives?

Youngho : Vivo en Saconia con dos amigos, ¿y tú?

María : Yo vivo en Pozuelo de Alarcón con mis padres. ¿Sabes dónde está?

Youngho : No, porque no llevo mucho tiempo en Madrid.

María : Está bastante lejos de aquí. Casi a una hora en autobús.

Youngho : ¿No hay metro cerca de tu casa?

María : No. Solo hay autobuses.

Youngho : ¿Por qué no compras un coche?

María : Mis padres no me lo permiten, porque creen que es peligroso conducir.

Youngho : Todos los padres piensan así. Yo quiero comprar una motocicleta, pero no lo permite mi madre.

María : ¿Cómo vienes a la facultad?

Youngho : Normalmente en autobús. Tardo diez minutos más o menos. A veces vengo en bicicleta. Entonces tardo unos treinta minutos.

María : ¿No te molesta el tráfico en la calle?

Youngho : No tanto, porque vengo por el parque Dehesa de la Villa. Es un parque muy bonito y agradable.

María : ¡Qué bien! Tú vives en una buena zona.

제 5 과 교통수단에 대하여 말하기

마리아 : 안녕! 너는 어디에 사니?
영　호 : 친구 두 명과 함께 사꼬니아에 살아. 너는?
마리아 : 나는 부모님과 함께 뽀수엘로 데 알라르꼰에서 살아. 어디 있는지 아니?
영　호 : 아니, 마드리드에 온지 얼마 안됐거든.
마리아 : 여기서 꽤 멀어. 버스로 거의 한 시간 거리야.
영　호 : 너의 집 근처에 지하철은 없니?
마리아 : 없어. 버스들만 있어.
영　호 : 차를 한 대 사는 게 어때?
마리아 : 부모님께서 허락하지 않으셔. 운전하는 게 위험하다고 생각하시기 때문이지.
영　호 : 모든 부모님들은 다 그렇게 생각하셔. 나는 오토바이 하나 사고 싶은데, 엄마가 허락하지 않으셔.
마리아 : 너는 학교에 어떻게 오니?
영　호 : 보통 버스로 와. 10분쯤 걸려. 가끔 자전거 타고 오기도 해. 그러면 30분쯤 걸려.
마리아 : 길거리 차들이 방해되지 않니?
영　호 : 별로, 데에사 델 라 비야공원을 통해 오거든. 아주 예쁘고 쾌적한 공원이야.
마리아 : 와! 너는 좋은 동네에 사는구나.

문법 설명 및 구문 응용

◈ ¿Dónde vives?

vives는 제3변화 규칙동사 vivir의 직설법 현재 2인칭 단수 변화형이다. 인칭과 수에 따라 다음과 같이 변화한다.

인칭 \ 수	단수	복수
1	vivo	vivimos
2	vives	vivís
3	vive	viven

이에 대한 대답은 '장소'를 나타내는 전치사(구)나 부사(구) 뒤에 자신이 사는 곳을 넣으면 된다.

Vivo en Busan. 나는 부산에 산다.
Ellos viven en el campo, lejos de Seúl.
그들은 서울에서 멀리 떨어진 시골에 산다.
Felipe vive muy cerca de la Universidad Hankuk.
펠리페는 한국대학교에서 매우 가까운 곳에 산다.

◈ Casi a una hora en autobús.

이 문장에서 전치사 a는 시간적, 공간적으로 "~ 의 거리에/ ~ 만큼 떨어져 있다"는 의미이다. 동사 estar가 생략된 표현이다.

Su oficina está a diez metros de aquí.
그의 사무실은 여기에서 10m 떨어져 있다.

전치사 en은 교통수단과 함께 쓰여 "~을 타고/~로"라는 '수단'의 의미로 쓰이므로 다음과 같은 구문으로도 응용할 수 있다.

La escuela está a una hora de mi casa en metro.
학교는 집에서 지하철로 1시간 거리에 있다.

'이동수단'을 나타내는 구문으로는 다음과 같은 것들도 있다.

en coche	자동차로
en taxi	택시로
en avión	비행기로
en tren	기차로
en barco	배로
a pie	걸어서 (*cf.* en pie 서서)

◈ Mis padres no me lo permiten.

위 문장에서 me는 "나에게"의 의미를 나타내는 간접목적격대명사이고 lo는 중성 목적격대명사로써 앞 문장의 내용인 "내가 차를 사는 것"을 나타낸다. 앞의 문장을 대명사로 대체하는 것이므로 3인칭 단수로 취급한다. 이 밖에도 lo는 3인칭 남성 단수 명사를 지칭하는 직접목적대명사로 쓰이기드 한다.

◈ Porque creen que es peligroso conducir.

"왜?"라는 의미의 의문대명사는 por qué의 형태를 갖지만, "왜냐하면 ~이기 때문이다"이라는 의미의 접속사는 강세 없이 porque의 형태로 사용된다.

creen은 creer(~을 믿다, ~라고 생각하다)의 직설법 현재 3인칭 복수 변화형으로써, 인칭과 수에 따라 다음과 같이 변화하는 제2변화 규칙동사이다.

인칭 \ 수	단수	복수
1	creo	creemos
2	crees	creéis
3	cree	creen

creer는 타동사이므로 목적어를 취한다. 우리말로 해석할 때는 문맥에 따라 "믿다"와 "생각하다"로 적절히 사용할 수 있다. que는 주절과 종속절을 이어주는 '접속사'이다. 윗 문장에서 que 절의 주어는 conducir이다.

Creemos en Dios. 우리는 신을 믿는다.
No lo creo. 나는 그것을 믿지 않는다./ 나는 그렇게 생각하지 않는다.
Creo que él es mexicano. 나는 그가 멕시코 사람이라고 생각한다.
Ella cree que soy japonés. 그녀는 내가 일본 사람이라고 생각한다.

◈ Todos los padres piensan así.

pensar(생각하다)는 본문에서처럼 자동사로도 쓰이고 타동사로도 쓰인다. 타동사 용법의 경우 부정사를 자신의 목적어로 취할 수도 있다.

인칭과 수에 따른 변화형은 다음과 같다.

인칭 \ 수	단수	복수
1	pienso	pensamos
2	piensas	pensáis
3	piensa	piensan

한편 본문의 용법과는 달리 pensar가 자동사로 전치사 en 혹은 sobre를 동반하여 "~을/에 관하여 생각하다"라는 의미로도 사용될 수 있다.

¿Qué piensas tú sobre ese problema?
너는 그 문제에 대해 어떻게 생각하니?
Pienso en ti. 나는 너를 생각한다.

◈ Tardo 10 minutos más o menos.

위 문장에서 사용된 tardar(늦어지다, 시간이 걸리다)는 자동사로써 앞 문장에서 나와 있는 '버스로 가는 것'은 생략되어 있다. "~하는데 ~의 시간이 걸리다"라는 표현은 『tardar + 시간 + en + inf.』로 나타낸다.

El tren tarda mucho. 기차가 많이 늦는다.
José no tarda mucho en llegar.
호세가 도착하는 데는 오래 걸리지 않는다.
Tarda una hora en terminarlo. 그것을 끝마치는 데 한 시간 걸린다.

◈ ¿No te molesta el tráfico en la calle?

molestar는 의미상의 주어를 간접목적격 형태로 취하고 형식상의 주어를 목적어로 해석하게 하는 동사이다. 위 문장은 "길거리 차들이 방해되지 않니?"의 의미로 사용한다. 한편 상대방에게 어떠한 행동에 대허 동의여부를 묻는 경우도 사용할 수 있다.

¿Te molesta abrir la ventana? 창문 좀 열어도 괜찮겠니?

이러한 질문에 대해 제안 내용을 수용하는 답변으로는 No 혹은 No me molesta라고 할 수 있고, 부정적인 입장을 표명하는 경우 Sí 혹은 Sí, me molesta로 할 수 있다. 거절하는 경우에는 정중하게 Lo siento, porque estoy resfriado(미안해, 감기에 걸렸거든)와 같이 그 이유를 언급하는 것이 필요하다.

◈ ¡Qué bien!

"와!" 또는 "좋다!"라는 의미의 감탄문이다. 감탄문은 주로 의문사를 사용해 만들며 필요에 따라 다양한 품사와 함께 쓴다. 본문에서는 의문사 Qué와 부사 bien이 함께 만들어내는 감탄문이다.

교통 및 운송수단

el autobús	버스
el autocar	장거리용 대형버스(ex.고속버스)
el taxi	택시
el metro	지하철
el tranvía	전차
el tren	기차
el tren de alta velocidad	고속열차
el monocarril	모노레일
el teleférico	케이블카

la moto	오토바이
la bicicleta	자전거
el carro	손수레
el carrito	쇼핑카트

el camión	트럭
el camión de mudanza	이삿짐트럭
el camión cisterna	유조차
la furgoneta	작은 트럭

el avión	비행기
la avioneta	경비행기
el avión de pasajeros	여객기
el helicóptero	헬리콥터

el barco	배
la barca	보트
el barco de mercancías	화물선
el petrolero	유조선
el velero	범선

Lección 6 Conocer un nuevo amigo

Marta : Hola, Pablo.

Pablo : Hola, Marta. ¿Qué tal?

Marta : Bien. Mira, esta es Bora, una amiga mía. Bora, este es Pablo.

Pablo : Hola, ¿qué tal?

Bora : Hola, encantada.

Marta : Bora es mi vecina. Vive en mi colegio mayor.

Pablo : ¿Qué estudias, Bora?

Bora : Estudio Geografía. Estoy en el segundo año de la carrera.

Pablo : ¿Sí? ¡Qué suerte tengo! Necesito información sobre los países de Asia. ¿Puedes ayudarme?

Bora : ¿Tienes examen?

Pablo : No, tengo que hablar del Extremo Oriente en la próxima clase. En particular, de su geografía.

Bora : Mañana tengo tiempo. Este es el número de mi móvil, 619-34-56-78. Llámame. Te voy a prestar unos libros y varias fotos. Te van a ser muy útiles.

Pablo : Muchas gracias.

Bora : De nada. Hasta luego.

Pablo : Adiós.

제 6 과 새 친구 사귀기

마르따 : 안녕, 빠블로.

빠블로 : 안녕, 마르따. 잘 지내니?

마르따 : 잘 지내. 있잖아, 얘는 내 친구 보라야. 보라야!, 얘는 빠블로야.

빠블로 : 안녕, 어떻게 지내니?

보 라 : 안녕, 반가워.

마르따 : 보라는 내 이웃이야. 우리 기숙사에 살아.

빠블로 : 보라야, 너는 무엇을 공부하니?

보 라 : 지리학을 공부해. 2학년이야.

빠블로 : 그래? 내가 운이 좋구나! 내가 아시아 국가들에 대한 정보가 필요하거든. 나를 좀 도와줄 수 있니?

보 라 : 시험이 있니?

빠블로 : 아니야, 다음 수업시간에 극동(極東)에 관해 발표해야 돼. 특히 그곳 지리에 관해서.

보 라 : 내일은 시간 있어. 이게 내 휴대전화번호야, 619-34-56-78. 전화해. 네게 책 몇 권하고 사진 몇 장을 빌려줄게. 네게 무척 유용할 거야.

빠블로 : 고마워.

보 라 : 천만에. 다음에 봐.

빠블로 : 안녕.

문법 설명 및 구문 응용

◈ Esta es Bora, una amiga mía./ Este es Pablo.

esta는 여성 단수를 가리킬 때 사용되는 지시대명사이다. 지시형용사와 형태는 동일 하지만 문맥에 따라 지시형용사와는 구별되기 때문에, 현대 스페인어에서는 강세를 표시하지 않아도 무방하다(스페인왕립학술원 지침).

성과 수에 따른 변화는 다음과 같다.

[남성]

의미 \ 수	단수	복수
이것	este	estos
그것	ese	esos
저것	aquel	aquellos

[여성]

의미 \ 수	단수	복수
이것	esta	estas
그것	esa	esas
저것	aquella	aquellas

[지시대명사]

Esta es mi casa. 이것은 나의 집이다.
Esa es su última decisión. 그것이 그의 마지막 결정이다.
Aquellas son mis hermanas. 저 여자들은 나의 누이들이다.

[지시형용사]

Esta casa es grande. 이 집은 크다.
Esos coches son de Alemania. 그 자동차들은 독일산이다.
Aquel señor es mi profesor de conversación.
저 분은 나의 회화 선생님이시다.

'mío'는 명사의 뒤에 나타나는 소유 형용사이다. 이 형태를 사용할 때는 명사 앞에 반드시 정관사, 부정관사, 지시형용사, 수량형용사, 부정(不定)형용사 등의 한정사를 동반한다.

인칭 \ 수	단수	복수
1	mío/a(s)	nuestro/a(s)
2	tuyo/a(s)	vuestro/a(s)
3	suyo/a(s)	suyo/a(s)

varios libros tuyos 너의 여러 권의 책
esta mesa nuestra 이 우리들의 탁자
algunas maletas vuestras 너희들의 가방 몇 개

◈ ¡Qué suerte tengo!

본문의 ¡Qué suerte tengo!에서 보듯 스페인어 감탄문은 일반적으로 의문사를 이용하여 만든다. 이 때 어순은 『의문사+명사/형용사+(동사)+(주어)』이며 필요에 따라 주어와 동사가 생략될 수 있다.

¡Qué alegría tengo! 정말 기뻐!
¡Qué rabia me da! 얼마나 화가 나던지!
¡Cuántos libros tienes! 너 정말 책이 많구나!

¡Cuánto habla María! 마리아는 정말 말이 많아!
¡Qué pena! 정말 안 됐다.
¡Qué guapo (es Juan)! (후안은) 아주 잘 생겼어!
¡Qué susto (tengo)! 깜짝 놀랐어!
¡Qué libro tan gordo (es)! 정말 두꺼운 책이군!

형용사나 부사를 감탄문으로 만드는 경우 의문사는 cuánto의 어미 탈락형 cuán을 사용한다.

¡Cuán hermoso es el río Han! 한강은 얼마나 아름다운가!
¡Cuán dulce es vivir contigo! 너와 함께 사는 것이 얼마나 달콤한 것인가!
¡Cuán rápido corre ese Ferrari! 그 페라리가 얼마나 빨리 달리던지!
¡Cuán despacio habla! 얼마나 느리게 말하던지!

의문사를 사용하지 않고도 다양한 감탄문을 만들 수 있다.

¡Dios mío! 하느님 맙소사!
¡Felicidades! 축하합니다!
¡Enhorabuena! 축하합니다!
¡Fantástico! 환상적이야!

◈ [...] tengo que hablar del extremo oriente en la próxima clase.

『tener que + inf.』는 인칭 주어가 "~해야 한다"는 의미이다. 그러나 '일반 주어'가 "~해야 한다"라는 의미를 표현하려면 『hay que + inf.』를 쓴다.

Tenemos que preparar los documentos. 우리는 서류들을 준비해야 한다.
Hay que cumplir la promesa. 약속을 지켜야만 한다.

본문에서 쓰인 전치사 de는 "~에 관해서"라는 의미로써 sobre, acerca de 등도 같은 의미로 쓰인다. hablar는 기본적으로 자동사이며 언어경 이외에는 목적어를 취할 수 없다. 따라서 "~에 관해 말하다"라고 해야 하므로 말하는 대상 앞에 de, sobre, acerca de 등의 전치사를 사용한다.

Ellos hablan de ella. 그들은 그녀에 관해 얘기한다.
Hablamos de ese tema. 우리는 그 주제에 관해 얘기한다.

◈ el número de mi móvil, 619-34-56-78

전화번호를 읽는 방법은 구체적으로 정해진 규칙이 없다. 개별 숫자를 하나씩 읽어도 되지만, 가장 일반적인 것은 두 자리씩 끊어 읽는 것이다. 가령 본문의 예는 seis/ diecinueve/ treinta y cuatro/ cincuenta y seis/ setenta y ocho로 읽으면 무난하다. 010-4721-8057의 경우에는 0-10-47-21-80-57 (cero/ diez/ cuarenta y siete/ veintiuno/ ochenta/ cincuenta y siete)로 읽으면 된다.

Lección 7 Invitando a un amigo

Minsu : Oye, Rosa, ¿estás libre hoy?

Rosa : No. Tengo mucho que hacer esta tarde.

Minsu : Y, ¿qué vas a hacer por la noche? Quiero invitarte a una caña de cerveza.

Rosa : Gracias, pero tengo que hablar con Isabel sobre la visita al Museo del Prado de este fin de semana. Tenemos que conseguir allí los datos necesarios para preparar el trabajo.

Minsu : ¿No puedes venir después de hablar con ella?

Rosa : Sí, pero no puedo estar contigo más de una hora.

Minsu : ¿Qué te pasa? ¿Tienes otra cita?

Rosa : No. Tengo mucho que hablar con Isabel. Luego tengo que ir a casa antes de las nueve. Mis padres van a regresar de viaje a esa hora.

Minsu : Entonces, nos vemos a las siete y media en la cafetería *Jóvenes*. Allí cenamos juntos y tomamos café o cerveza.

Rosa : ¡De acuerdo! Nos vemos allí.

Minsu : Chao. Hasta pronto.

제 7 과 친구 초대하기

민수 : 이봐, 로사. 너 오늘 시간 있니?

로사 : 아니. 오늘 오후에 할 일 많아.

민수 : 그럼, 밤에는 뭐 할 거니? 너한테 생맥주 한잔 사고 싶은데.

로사 : 고마워, 그런데 이번 주말의 쁘라도 미술관 방문에 대해 이사벨과 얘기해야 해. 우리는 거기서 리포트를 준비하는데 필요한 자료들을 구해야 하거든.

민수 : 그녀와 얘기한 후에 올 수는 없니?

로사 : 알았어, 하지만 한 시간 이상은 너와 같이 있을 수 없어

민수 : 무슨 일 있어? 다른 약속 있니?

로사 : 아니야. 이사벨과 할 얘기가 많아. 그 후에는 9시까지 집에 가야 해. 부모님께서 그 시간에 여행에서 돌아오시거든.

민수 : 그럼, 우리 7시 반에 *호베네스* 카페에서 보자. 거기서 저녁 같이 먹고 커피나 맥주를 마시자.

로사 : 좋아! 거기서 보자.

민수 : 안녕. 곧 다시 보자.

문법 설명 및 구문 응용

◈ Tengo mucho que hacer.

"나는 할 일이 많다"는 의미이다. 이 문장은 관계대명사 que 뒤에 부정사를 직접 취한 '부정사 관계구문'이라 불리는 구문으로써, 제한된 환경에서만 사용된다. 아래의 문장들은 실생활에서 많이 사용되는 예들이다.

Ella tiene algo que comer. 그녀는 먹을 것을 좀 갖고 있다.
Tenemos mucho que estudiar. 우리는 공부할 것이 많다.
No tengo nada que ver con ese asunto. 나는 그 일과 아무 관계가 없다.

◈ ¿qué vas a hacer por la noche?

『ir a + inf.』는 "~할 예정이다", "~을 할 것이다"라는 의미로 사용할 때 쓰인다. 1인칭 복수의 경우에는 '청유'의 의미로도 쓰인다.

Este año voy a estudiar español. 올해 나는 스페인어를 공부할 것이다.
Este verano vamos a ir a la playa.
금년 여름에 우리는 바닷가에 갈 것이다./ 갑시다.

불규칙 동사 ir의 변화형은 다음과 같다.

인칭 \ 수	단수	복수
1	voy	vamos
2	vas	vais
3	va	van

본문의 Mis padres van a regresar de viaje a esa hora에서 쓰인 전치사 de는 "~로 부터"라는 의미이다.

◈ Quiero invitarte a una caña de cerveza.

동사 invitar는 제1변화 규칙동사이다. "~를 ~에 초대하다"라는 의미이므로 뒤에는 전치사 a가 동반된다. 구어체에서는 생략되기도 하지만, 문법적으로는 쓰는 것이 정확하다. 일반물건을 상대에게 사준다는 표현으로는 comprar (사다, 구매하다)동사와 함께 간접목적격을 사용한다.

[비교]

Te invito a una cena. 내가 네게 저녁 살게.
Te compro un libro y dos bolis.
나는 너에게 책 한 권과 볼펜 두 자루를 사준다.

◈ el Museo del Prado

'쁘라도 박물관' 또는 '쁘라도 미술관'이라고 번역된다. 마드리드에 위치해 있으며 El Greco, Velázquez, Murillo, Goya 등 유명화가의 작품들을 다량 소장하고 있는 세계 최고 수준의 미술관으로 정평이 나 있다.

◈ antes de las nueve.

antes de와 después de는 시간적으로 각각 "~전에", "~후에"라는 의미로 쓰인다.

antes de las siete 7시 전에
antes de la clase 수업 전에
después de la comida 식후에
después de la Copa Mundial 월드컵 이후에

공간적으로는 각각 ante(~앞에)와 detrás de(~뒤에)라는 표현이 쓰인다.

ante el público 군중 앞에
detrás del edificio 건물 뒤에

◈ Nos vemos [...].

ver(~을 보다, ~이 보이다)라는 의미의 동사로써 인칭과 수에 따라 다음과 같이 변한다.

수 / 인칭	단수	복수
1	veo	vemos
2	ves	veis
3	ve	ven

본문에서 사용된 nos는 '상호'의 의미로 쓰인 것으로써, 본래는 "우리는 서로서로를 보다/ 만나다"라는 의미이지만, 여기서는 "우리 (서로 다시) 만나자"는 뜻으로 쓰인 것이다.

Vemos la película. 우리는 영화를 본다.
Nos vemos en el parque. 우리는 공원에서 서로 만난다./ 만나자.

Poema

Coplas a la muerte de su padre

Jorge Manrique

[III]

Nuestras vidas son los ríos
que van a dar en la mar,
que es el morir;
allí van los señoríos
derechos a acabarse
y consumir;
allí los ríos caudales,
allí los otros medianos
y más chicos;
allegados son iguales
los que viven por sus manos
y los ricos.

Lección 8 En un restaurante

1. Reservando una mesa

Camarero : (*Ring, ring*) Hola, buenos días. Restaurante *El Gaucho*. ¿En qué puedo servirle?

Minhyun : Buenos días, quiero reservar una mesa para dos personas para mañana por la noche, por favor.

Camarero : ¿Para qué hora lo quiere?

Minhyun : Para las nueve.

Camarero : Está bien. ¿Me da su nombre y número de teléfono, por favor?

Minhyun : Me llamo Minhyun Park y mi móvil es 010-9302-2960.

Camarero : Ya está. Gracias.

Minhyun : A Ud.

2. Pidiendo la comida

Camarero : Buenas noches. ¿Tiene reservada la mesa?

Minhyun : Sí, la tengo a nombre de Minhyun Park.

Camarero : ¡Ah, sí! Por aquí. Les acompaño a la mesa.

Minhyun : Gracias.

Camarero : Aquí, por favor. Pueden sentarse. Aquí tienen el menú.

Minhyun : ¿Qué quieres comer, Juana?

Juana : De primero, ensalada mixta. De segundo un bistec. Es muy sabrosa la carne argentina que sirven en este restaurante.

Minhyun : A mí me trae una sopa de mariscos y un pescado asado.
Camarero : ¿Y de beber?
Juana : Una botella de vino. Marqués de Cáceres, de cosecha 2007.
Minhyun : Y una botella de agua mineral, por favor.

3. Pidiendo postre

Juana : Oiga, ¿qué tienen de postre?
Camarero : Tenemos helado, flan y frutas naturales con crema.
Juana : A mí me gustan las fresas con crema.
Minhyun : Yo no voy a tomar postre. Me trae un café con leche, por favor.
Camarero : Enseguida.

4. Para pagar

Minhyun : La cuenta, por favor.
Camarero : Sí, señor.
Minhyun : Aquí tiene mi tarjeta de crédito. Y esto es para Ud., de propina.
Camarero : Muchas gracias.
Minhyun : A Ud.

제 8 과 식당에서

1. 자리 예약

종업원 : (*따르릉, 따르릉*) 안녕하십니까? 레스토랑 *엘 가우초*입니다. 무엇을 도와 드릴까요?

민 현 : 안녕하세요, 내일 저녁 두 명 자리를 예약하려고 합니다.

종업원 : 몇 시로 해드릴까요?

민 현 : 9시로 해 주세요.

종업원 : 좋습니다. 성함과 전화번호 좀 주시겠습니까?

민 현 : 제 이름은 박민현이고 휴대전화는 010-9302-2960입니다.

종업원 : 예약 됐습니다. 감사합니다.

민 현 : 감사합니다.

2. 식사 주문

종업원 : 안녕하십니까? 예약하셨습니까?

민 현 : 예, 박민현이라는 이름으로 예약했습니다.

종업원 : 아, 예! 이쪽으로 오시지요. 테이블로 안내해 드리겠습니다.

민 현 : 감사합니다.

종업원 : 여깁니다. 앉으시지요. 메뉴 여기 있습니다.

민 현 : 후아나, 뭐 먹을래?

후아나 : 전식으로는 혼합 샐러드. 주 요리로는 비프스테이크를 먹을래. 이 레스토랑에서 나오는 아르헨티나 소고기가 무척 맛있어.

민　현 : 저는 해물 수프하고 생선구이로 주세요.
종업원 : 마실 것은 무엇으로 하시겠습니까?
후아나 : 와인 한 병 주세요. 마르께스 데 까세레스, 2007년 산으로요.
민　현 : 그리고 생수 한 병 주세요.

3. 후식 주문

후아나 : 여기요, 후식으론 뭐가 있나요?
종업원 : 아이스크림과 푸딩, 그리고 크림을 얹은 생과일이 있습니다.
후아나 : 나는 크림 얹은 딸기가 좋아요.
민　현 : 나는 후식은 안 먹을래요. 밀크 커피 한잔 주세요.
종업원 : 즉시 가져다 드리겠습니다.

4. 계산하기

민　현 : 계산서 부탁합니다.
종업원 : 예, 손님.
민　현 : 제 신용카드 여기 있습니다. 이건 당신께 드리는 팁입니다.
종업원 : 대단히 감사합니다.
민　현 : 감사합니다.

문법 설명 및 구문 응용

◈ ¿En qué puedo servirle?

"무엇을 도와 드릴까요?" 라고 물어볼 때 쓰는 표현이다. poder 동사는 "할 수 있다"는 의미의 동사로써 인칭과 수에 따라 다음과 같이 변화하며, 부정사를 직접 취한다.

인칭 \ 수	단수	복수
1	puedo	podemos
2	puedes	podéis
3	puede	pueden

◈ Quiero reservar una mesa para dos personas para mañana por la noche.

querer 동사는 부정사를 목적어로 직접 취해 "~하고 싶다"라는 의미로 쓰인다.

Queremos estudiar español. 우리는 스페인어를 공부하고 싶다.
Juan quiere comer plátano. 후안은 바나나를 먹고 싶어 한다.

mañana por la noche의 경우, mañana와 tarde가 정관사 없이 쓰이면 각각 "내일"과 "늦게"라는 부사로 기능하지만 정관사와 함께 쓰이면 명사로써 "오전"과 "오후"의 의미가 된다. noche(밤)는 명사로써 "밤에"라는 의미의 부사구를 만들고자 한다면 문맥에 따라 por la noche나 de noche로 쓴다.

◈ ¿Para qué hora lo quiere?

여가서 사용된 중성대명사 lo는 앞 문장에서 언급하는 예약관련 내용을 언급하는 용법으로 사용되었다.

◈ ¿Me da su nombre y número de teléfono, por favor?

동사 dar는 불규칙 동사로 그 직설법 현재 변화형은 다음과 같다.

인칭 \ 수	단수	복수
1	doy	damos
2	das	dais
3	da	dan

Te doy un bolígrafo. 나는 너에게 볼펜 한 자루를 준다.
Juan me da un libro. 후안은 나에게 책 한 권을 준다.

◈ Ya está.

본문에서 "다 되었습니다"라는 의미로 사용된 표현으로써 여기서는 "이제 자리 예약이 완료되었습니다"라는 의미인 Ya está reservada la mesa라는 구문에서 reservada la mesa의 부분이 생략된 표현이다. 이 표현의 경우 전후 문맥으로 그 의미가 충분히 파악되므로 과거분사 reservada와 주어인 la mesa를 빼고 Ya está로만 쓰인다.

◈ A Ud.

상대방이 Gracias(감사합니다)라고 하는 경우, 그 대답으로 Gracias라고 동일하게 대답해도 무방하나 동일 표현의 반복을 피하기 위해 A Ud.이라고 하기도 한다. 이는 Le doy gracias a Ud.의 줄임말로 "제가 오히려 당신에게 감사드립니다"라는 의미가 된다. 따라서 우리말로는 상황에 따라 "감사합니다" 또는 "천만에요"로 해석할 수 있다. Gracias에 대한 답으로 De nada(천만에요)라는 표현도 많이 쓰인다.

◈ ¿Tiene reservada la mesa?

"테이블을 예약하셨습니까?"라는 의미를 갖는 이 문장에 사용된 'tiene reservada'의 표현에서 reservada는 타동사 reservar의 과거분사형으로 자신의 뒤에 나타나는 목적어 'la mesa'가 여성 단수형 명사이므로 여성 단수형에 해당하는 reservada와 같은 형태가 나타난다.

Tengo escrito un cuento. 나는 이야기 하나를 썼다.
Ellos tienen reservadas dos mesas. 그들은 두 테이블을 예약했다.

◈ Pueden sentarse.

동사 sentarse는 재귀동사로 "앉다"라는 의미를 갖는다. 여기에서 사용된 재귀대명사 se는 동사 pueden의 형태가 3인칭 복수이므로 3인칭 복수에 해당하는 형태로 사용된 것이다. 완곡한 명령의 의미로 사용된 위의 표현과 아울러 재귀동사만으로 다음과 같이 명령형을 만들 수 도 있다.

Siéntate (tú) 앉아라.
Siéntese (Ud.) 앉으세요.
Siéntense (Uds.) 앉으세요.

◈ A mí me trae una sopa de mariscos y un pescado asado.

동사 traer(~을 가지고 오다)는 타동사이며 본문에 사용된 『A mí me trae ~』는 "~을 가져다 주십시오"라는 의미의 표현이다.

◈ ¿Y de beber?

이 표현은 일반적으로 "그리고 마실 것으로는 무엇을 원하십니까?"라는 표현을 하고자 할 경우 ¿Y qué quiere de beber?라고 할 수 있지만 회화체 표현으로 qué quiere부분을 생략한 것이다.

◈ A mí me gustan las fresas con crema.

gustar 동사 구문은 의미상의 주어가 간접목적격(me, te, le, nos, os, les)으로 나타나며 문법적 주어는 의미상의 목적어로 해석된다. 문법적 주어는 3인칭 단·복수가 주로 쓰이므로, 동사의 형태는 대부분 gusta나 gustan이 된다.

Me gusta jugar al fútbol. 나는 축구하는 것을 좋아한다.
- ¿Le gustan a Ud. esos helados?
  당신은 그 아이스크림들을 좋아하시나요?
- No, a mí no me gustan. 아니요, 좋아하지 않습니다.

◈ 본문에 제시된 딸기와 사과, 배 이외에 다음과 같은 과일들도 알아두자.

la mandarina, la clementina	귤
la piña	파인애플
el caki	감
el plátano, la banana	바나나
la sandía	수박
el melón	멜론
la ciruela	자두
el melocotón, el durazno	복숭아
la uva	포도
la naranja	오렌지

◈ Enseguida

본문에서 "곧 준비해 드리겠습니다"의 의미로 사용된 표현으로 Ahora mismo로도 바꾸어 쓸 수 있다.

<참고> Marqués de Cáceres

일반적으로 많이 선호되는 포도주로는 La Rioja 지방과 Valdepeñas 지방의 포도주를 들 수 있다. 생산자와 등급(Joven, Crianza, Reserva, Gran Reserva 등)에 따라 맛과 가격이 다양하다. 위에서 예로 든 Marqués de Cáceres는 La Rioja 지방에서 생산되는 포도주이다.

스페인은 세계 3위의 포도주 생산 국가로서 (아래 표 참조), 세계적으로 유명한 많은 보데가(bodega)들을 보유하고 있다. 그 중에서도 가장 유명한 것이 Vega Sicilia이다. Valladolid 지방의 Valbuena de Duero에 위치해 있으며, 설립 역사는 1868년으로 거슬러 올라간다. 최고급 포도주를 생산해 왕실 등에 공급해 왔으며 현재까지도 최고급 포도주의 대명사로 알려지고 있다.

Puesto	País	Producción (*mhL*=억*L*)
1	Italia	48,5
2	Francia	46,4
3	España	40,9
4	Estados Unidos	23,9
5	Argentina	14,5
6	Chile	12,9
7	Australia	12,5
8	Sudáfrica	10,8
9	China	10,5
10	Alemania	9,8

Fuente: OIV (2018)

주방용품 관련 단어들

el cuchillo	나이프
la cuchara	숟가락
el tenedor	포크
el cubierto	나이프, 포크, 숟가락 한 세트
los palillos	젓가락
el plato	접시
la copa, el vaso	컵
la taza	커피잔
el sacacorchos	포도주병따개
el abrelatas	깡통따개
el abrebotellas	병따개
el especiero	양념통 수납장
la parrilla	그릴, 석쇠
el sartén	프라이팬
la cazuela	도기냄비
la olla de presión	압력솥
la olla arrocera	압력밥솥
la tostadora de pan	토스터기
la batidora	믹서
el horno	오븐
el frigorífico, la nevera, el refrigerador	냉장고
el lavaplatos, el lavavajillas	식기세척기
la cafetera	커피메이커
la servilleta	냅킨
el mantel	식탁보

Lección 9 De compras

1. En la tienda de alimentación

Cliente : Buenas tardes.
Dueña : Hola, buenas tardes. ¿Qué desea, señor?
Cliente : Dos barras de pan, por favor. ¿Tiene naranjas y cerezas?
Dueña : Sí, ¿cuánto quiere?
Cliente : Un kilo de cada uno.
Dueña : Aquí tiene. ¿Algo más?
Cliente : Sí, medio kilo de jamón.
Dueña : ¿Qué más quiere?
Cliente : Nada más. ¿Cuánto es?
Dueña : Son 12 euros.
Cliente : Aquí tiene.
Dueña : Gracias. Adiós.

2. En la tienda de ropa

Empleado : ¿Qué desea, señorita?

Señorita : Quiero ver estos pantalones. ¿Puedo probármelos?

Empleado : Por supuesto. ¿Cuál es su talla?

Señorita : 14.

Empleado : Aquí tiene. El probador está allí en la esquina.

(*Después de probarse los pantalones*)

Señorita : Me quedan bien. Pero no me gusta el color. ¿No tiene otros?

Empleado : Claro que sí. Creo que le viene bien el color negro. Estos son de la misma talla. Son de Zara. Son de buena calidad.

Señorita : ¿Cuánto cuestan?

Empleado : Cuestan 40 euros con IVA.

Señorita : Uh, son muy caros.

Empleado : Sí, pero el estilo es de última moda y le garantizamos la calidad. Lo más importante es que le quedan perfectos. Además, ahora hay un 20% de descuento.

Señorita : Bueno. En ese caso, me los llevo.

제 9 과 쇼핑하기

1. 식료품점에서

손님 : 안녕하세요.
주인 : 안녕하세요. 무엇을 원하시나요, 손님?
손님 : 바게트 빵 두 개 주세요. 오렌지와 버찌도 있나요?
주인 : 예, 얼마나 원하시나요?
손님 : 1킬로그램씩 주세요.
주인 : 여기 있습니다. 뭐 더 필요하신 것 있나요?
손님 : 예, 하몬 반 킬로 주세요.
주인 : 무엇을 더 원하십니까?
손님 : 이제 더 없습니다. 모두 얼마지요?
주인 : 12유로입니다.
손님 : 여기 있습니다.
주인 : 감사합니다. 안녕히 가세요.

2. 옷가게에서

점　원 : 무엇을 원하시나요, 아가씨?

아가씨 : 이 바지를 보고 싶네요. 입어볼 수 있나요?

점　원 : 물론이지요. 사이즈가 어떻게 되시나요?

아가씨 : 14입니다.

점　원 : 여기 있습니다. 옷 갈아입는 곳은 저쪽 구석에 있습니다.

(*바지를 입어 본 후에*)

아가씨 : 잘 맞네요. 그런데 색상이 마음에 들지 않아요. 다른 색은 없나요?

점　원 : 물론 있습니다. 제 생각에 아가씨에게는 검은색이 잘 어울리는 것 같습니다. 이 바지는 같은 사이즈구요. 사라 제품입니다. 품질이 좋습니다.

아가씨 : 얼마죠?

점　원 : 부가가치세 포함해서 40유로입니다.

아가씨 : 우와, 무척 비싸군요.

점　원 : 예, 하지만 최신 유행 스타일이고 저희가 품질을 보장합니다. 가장 중요한 건 아가씨에게 완벽하게 맞는다는 것이지요. 게다가 지금은 20% 세일 중입니다.

아가씨 : 좋아요. 그렇다면 살게요.

문법 설명 및 구문 응용

◈ 수 읽기 1~10

1 uno	2 dos
3 tres	4 cuatro
5 cinco	6 seis
7 siete	8 ocho
9 nueve	10 diez

◈ Dos barras de pan

barra는 스페인에서는 "바게트형의 길쭉한 빵"을 지칭하는 경우 사용되며 pan de barra 또는 pistola라고 한다. 본문에서는 dos barras de pan이 "바게트 빵 두 개"의 의미로 사용되고 있다. 한국에서 소위 "식빵"이라고 지칭하는 유형의 빵은 스페인에서 pan de molde라고 한다.

◈ Aquí tiene.

"여기 있습니다"라는 의미이다. 물건을 주고받거나 사고팔 때 때 흔히 쓰이는 표현이다. 2인칭 단수(tú)에게는 Aquí tienes.라고 한다.

◈ Nada más.

"더 필요 없다"라는 의미의 No quiero nada más의 줄임 표현이다. ¿Algo más?(뭐 더 필요한 게 있습니까?)와 Nada más라는 표현 모두 일상 회화에서 많이 쓰이는 표현들이다.

◈ estos pantalones

"이 바지"란 의미이다. 바지는 보통 복수로 표현되지만 단수형인 este pantalón으로 사용되기도 한다. 단수와 복수의 표기에서 강세의 유무에 주의해야 한다.

아래의 옷 이름들도 많이 쓰이는 것들이다.

la blusa	블라우스
la falda	치마
la minifalda	미니스커트
la chaqueta	재킷
el jersey	스웨터
la camisa	셔츠
la camiseta	티셔츠
el abrigo	외투
el vestido	정장
el chaleco	조끼
la bufanda	머플러

◈ ¿Puedo probármelos?

probar는 "시험하다, 맛을 보다"라는 의미이다. 그러나 재귀대명사 se와 함께 쓰이면 "옷을 입어보다"라는 의미가 된다. 이와 유사한 의미로 ponerse가 있다. 이 역시 poner는 "~을 두다, 놓다"라는 뜻이지만, 재귀동사로 쓰이면 "옷을 입다"라는 뜻이 된다.

probar(se)는 불규칙동사로서 인칭과 수에 따라 다음과 같이 변화한다.

인칭 \ 수	단수	복수
1	(me) pruebo	(nos) probamos
2	(te) pruebas	(os) probáis
3	(se) prueba	(se) prueban

El general prueba el valor de los soldados. 장군은 병사들의 용기를 시험한다.
Ella prueba esa fruta. 그녀는 그 과일을 맛본다.

poner(se)는 불규칙동사로서 인칭과 수에 따라 다음과 같이 변화한다.

수 / 인칭	단수	복수
1	(me) pongo	(nos) ponemos
2	(te) pones	(os) ponéis
3	(se) pone	(se) ponen

Marta pone el periódico en el sofá. 마르따는 신문을 소파위에 놓는다.
¿Qué número se pone? 무슨 사이즈를 입으시나요?

본문의 문장 ¿Puedo probármelos?에서처럼, 부정사의 뒤에 간접목적대명사와 직접목적대명사가 함께 쓰이는 경우에는 간접목적대명사에 해당하는 me가 먼저 나타나고 그 이후에 직접목적대명사인 los가 붙어서 나타난다. 이러한 경우 동사 probar의 본래 강세 위치를 유지하기 위해 강세표시가 이루어짐을 유의해야한다. 한편 목적대명사들이 ¿Me los puedo probar?처럼 부정사의 뒤가 아닌 조동사의 앞에 쓰이는 경우에는, 두 목적대명사의 어순에는 변화가 없으며 부정사(probar)에도 강세가 표시되지 않는다.

일반적으로, 옷, 신발 등을 살 때는 número(번호, 호칭)나 talla(사이즈)를 묻는다. 제품에 따라 크기의 표기 방식이 다르므로 상황에 맞는 어휘를 선택해야 한다.

◈ Me quedan bien.

"나에게 잘 맞는다"라는 뜻이다. "잘 맞는다" 또는 "잘 어울린다"라는 표현은 venir나 caer 동사로도 표현할 수 있다. 주어가 los pantalones이므로 동사는 3인칭 복수형을 사용한다.

Esta chaqueta me queda bien. 이 재킷이 나에게 어울린다.
Aquel abrigo no me viene bien. 저 외투는 나에게 어울리지 않는다.
Esa falda te cae bien. 그 치마는 네게 잘 어울린다.

◈ IVA.

Impuesto de Valor Añadido (o Agregado) 의 약자로써 "부가가치세"이다. 구입 품목에 따라 과세율이 다르며, 외국인의 경우는 물품 구매시 납브한 세금을 출국시나 출국 이후 세관에서 돌려받을 수 있다.

◈ le garantizamos la calidad.

la calidad은 동사 garantizar(보증하다)의 직접목적어이며 le는 간접목적어로 a Ud.을 지칭하는 표현이다. 즉 le garantizamos la calidad a Ud.에서 a Ud.이 생략된 문장이다.

◈ 20%

veinte por ciento로 읽는다.

◈ Me los llevo.

동사 llevo(가져가다)에 me가 추가적으로 사용되어 "자기 자신이 손수 가져가다"는 의미를 나타낸다. 위 구문은 los llevo에 간접목적격 대명사 me가 첨가된 경우이다.

Lección 10 Diálogos diarios

1. En la cafetería 1

Víctor : Hola, encantado, me llamo Víctor. Y tú, ¿cómo te llamas?
Yunhee : Me llamo Yunhee. Mucho gusto.
Víctor : Eres coreana, ¿verdad?
Yunhee : Sí, ¿cómo lo sabes? ¿Tienes amigos coreanos?
Víctor : Sí, tengo uno. Se llama Kim.
Yunhee : Ese es un apellido. En Corea hay muchas personas con el apellido Kim.
Víctor : Ya lo sé, pero es sumamente difícil pronunciar su nombre. ¿Por qué no nos sentamos allí? Te invito a un refresco.
Yunhee : No, gracias, ahora no puedo. Tengo que ir a clase. Ya va a empezar.
Víctor : Vale. Me alegro de conocerte.
Yunhee : Igualmente. Hasta luego.

2. En la cafetería 2

Sunho : Hace calor hoy. Parece que ya estamos en verano.

Isabel : Sí, pero yo tengo frío. Estoy resfriada. ¿Te molestaría cerrar la ventana?

Sunho : Claro que no, amiga.

Isabel : Gracias. Es que también tengo dolor de garganta.

Sunho : ¿Por qué no vas al médico? No pareces estar muy bien.

Isabel : Voy a ir a la clínica después de comer. Ahora está cerrada porque es la hora del almuerzo.

Sunho : En primavera muchos coreanos sufren dolor de garganta por el polvo amarillo que llega de China.

Isabel : ¿En serio? ¡Qué mal!

Sunho : A mí tampoco me gusta ese viento arenoso. Nos molesta mucho cada primavera.

Isabel : Tengo que ir a la clínica ahora. Nos vemos mañana.

Sunho : De acuerdo. Cuídate. Hasta mañana.

제 10 과 일상의 대화들

1. 카페에서 1

빅또르 : 안녕, 반가워. 내 이름은 빅또르야. 네 이름은 뭐니?
윤　희 : 내 이름은 윤희야. 반가워.
빅또르 : 너 한국 사람이지, 그렇지?
윤　희 : 응, 그걸 어떻게 아니? 한국 친구들이 있니?
빅또르 : 응, 한 명 있어. 이름이 김이야.
윤　희 : 그건 성이야. 우리나라엔 김씨 성을 가진 사람들이 무척 많아.
빅또르 : 알아, 하지만 그 친구의 이름은 발음하기가 무척 어려워. 저기 앉지 않을래? 내가 음료수 한잔 살게.
윤　희 : 고맙지만, 지금은 안 돼. 수업 들어가야 돼. 이제 시작할거야
빅또르 : 알았어. 만나서 반가워.
윤　희 : 나도 반가워. 나중에 보자.

2. 카페에서 2

순　호 : 오늘은 날씨가 더워. 이미 여름인 것 같아.
이사벨 : 응, 하지만 난 추워. 감기에 걸렸어. 창문 좀 닫아도 괜찮겠니?
순　호 : 물론이지.
이사벨 : 고마워. 실은 목도 좀 아파.
순　호 : 병원에 가보는 게 어때? 아주 좋아 보이지는 않은데.
이사벨 : 점심 먹고 갈 거야. 지금은 점심시간이라 닫혀있거든.
순　호 : 봄에는 많은 한국 사람들이 중국에서 오는 황사 때문에 인후통을 겪어서 고생해.
이사벨 : 정말이니? 죽겠군!
순　호 : 그 모래바람은 나도 싫어. 봄마다 우리를 무척 괴롭히거든.
이사벨 : 이제 병원에 가야 해. 내일 보자.
순　호 : 알았어. 몸조심해. 내일 보자.

문법 설명 및 구문 응용

◈ ¿Te molestaría cerrar la ventana?

동사 molestaría는 가정미래형이라고 하는 동사변화형이다. 이 동사형은 「동사원형 + haber의 직설법 불완료과거 어미(ía, ías, ía, íamos, íais, ían)」형태를 갖는다. 용법으로는 다음과 같은 것들이 있다.

1) 과거에서 바라본 미래

Carmina dijo que lo haría más tarde.
까르미나는 좀 더 있다가 그것을 하겠다고 말했다.

2) 과거 사실 추측

Ayer habría mucha gente en la Plaza Mayor.
어제 마요르 광장에는 사람이 많았을 거야.

3) 정중한 표현

Desearía comprar una camisa gris. 회색셔츠를 한 벌 사고 싶어요.
¿Te gustaría ir conmigo? 나와 같이 가지 않겠니?

4) 완곡한 명령

Deberías ir al médico. 너는 병원에 가야겠다.

5) 현재 행위를 이루지 못하는 데 따른 아쉬움 표현

Me gustaría ir contigo, pero no puedo, porque tengo mucho que hacer.
나는 가고 싶은데 갈수가 없어. 할 일이 많거든.

◈ No pareces estar muy bien.

"너는 아주 좋아 보이지는 않는다"라는 의미로 parecer의 주어가 "~처럼 보이다"라는 뜻이다.

Pareces estar enfadado conmigo. 너는 나에게 화가 나 있는 것 같다.
Parezco tonto, ¿no? 나 바보 같지?

이밖에도 parecer는 다음과 같은 용법으로도 쓰인다.

재귀대명사 se와 함께 쓰여 " ~와 닮다"는 의미가 된다. 이 경우에는 전치사 a를 동반한다.

¿A quién te pareces? 너는 누구를 닮았니?
Ella se parece a su abuela. 그녀는 그녀의 할머니를 닮았다.

gustar 동사처럼 의미상의 주어가 간접목적격으로 나타나며, 이 의미상의 주어가 "~을 ~라고 생각하다"라는 의미로 쓰인다.

Me parece que esa decisión no es justa.
나는 그 결정이 정당하지 않다고 생각한다.
¿Qué te parece esto? 너는 이것을 어떻게 생각하니?

◈ Voy a ir a la clínica después de comer.

일반적으로 '병원'이라고 부르는 곳에도 다양한 명칭이 있다. 먼저, hospital은 '종합병원'과 같은 대형병원을 말하고, 주위에서 쉽게 찾아볼 수 있는 일반 '개인병원'은 대체로 clínica 또는 consultorio라고 부른다. '의료'와 관계있는 용어들로는 다음과 같은 것들이 있다.

el seguro médico	의료보험
el doctor/ la doctora, el médico/ la médica	의사
el enfermero/ la enfermera	간호사
el/la paciente	환자
la ambulancia	앰뷸런스
la consulta	진찰
consultar al médico	의사의 진찰을 받다
examinar al paciente	환자를 진찰하다
la inyección	주사
inyectar	주사하다
la jeringa, jeringuilla	주사기
la radiografia	방사선촬영/사진
radiografiar	방사선촬영하다
el estetoscopio	청진기
recetar, prescribir	처방하다
la receta, la prescripción	처방전
la farmacia	약국
farmacéutico/a	약사
la medicina, el medicamento	약
el comprimido	알약
la medicina en polvo	가루약
el jarabe	물약, 시럽
el ungüento	연고
la ecografía	초음파검사
la sala de emergencia	응급실
el endoscopio	내시경
la endoscopia	내시경 검사

[진료 과목]

la medicina interna	내과
la cirugía	외과
la cirugía ortopédica	정형외과
la cirugía plástica	성형외과
la pediatría	소아과
la ginecología	산부인과
la otorrinolaringología	이비인후과
la clínica dental, la odontología	치과
la oftalmología	안과
la podología	족(足)부외과
la dermatología	피부과
la urología	비뇨기과

◈ Nos vemos mañana.

동사 ver에 상호대명사 se의 1인칭 복수형 nos가 함께 쓰인 문장으로, 의미는 "내일 우리가 서로 만나다"가 된다. 형식은 평서문이지만 "우리 내일 만나자"는 청유의 의미로 쓰인 것이다. 이를 청유형 형태인 Veámonos mañana로 표현할 수도 있다.

◈ Cuídate.

Cuídate는 재귀동사 cuidarse(스스로 조심하다)의 2인칭단수 tú에 대한 명령형이다. Ud.을 사용하여 상대에게 격식을 갖추고자 할 경우 Cuídese, 혹은 Uds.처럼 대상이 복수인 경우 Cuídense로 표현할 수 있다.

Lección 11 En una agencia de viajes

1. Consultando paquetes turísticos

Turista : Hola, buenos días.

Empleado : Buenos días. Tome asiento, por favor. ¿Qué desea?

Turista : Quiero viajar por el sur esta Semana Santa.

Empleado : ¿Quiere ir sola o en grupo?

Turista : ¿En qué consiste cada viaje?

Empleado : Si quiere ir sola, reservamos solo el hotel y el billete de ida y vuelta. En este caso, Ud. tiene que pagar por su cuenta todos los demás gastos, como comida, transporte dentro de la ciudad, etc. Pero en grupo se mueven todos juntos y todos los gastos están incluidos en la tarifa.

Turista : Bueno. Prefiero el viaje individual. Quiero moverme sola.

Empleado : Entonces, son 400 euros para el billete de ida y vuelta y las tres noches de hotel.

Turista : Uh, es muy caro. Voy a pensar un poco más. Gracias.

Empleado : A Ud.

2. Reservando un billete de avión

Empleada : Hola, buenas tardes. ¿En qué puedo ayudarle?

Viajero : Buenas tardes. Quiero ir a París este sábado por la mañana. ¿Puedo reservar un billete de ida y vuelta?

Empleada : ¿Cuándo va a volver?

Viajero : El domingo por la tarde. Me quedo un día.

Empleada : A ver... todos los vuelos de AeroParís están llenos este fin de semana. Pero AeroMadrid tiene asientos disponibles.

Viajero : ¿A qué hora sale y llega el avión?

Empleada : Hay un vuelo que parte a las 8:15 de la mañana. Y el de vuelta sale de París a las 9:30 de la noche. ¿Está bien?

Viajero : La hora de partida está bien. Pero ¿no hay otro vuelo de vuelta? Quiero volver un poco más temprano.

Empleada : Lo siento. Para el domingo por la tarde ya no hay otros vuelos disponibles, todos los demás están llenos.

Viajero : Está bien. ¿Ahora me da el billete?

Empleada : No. Puede recibirlo en la ventanilla de nuestra agencia del aeropuerto. Pero tiene que pagar ahora.

Viajero : ¿Cuánto es?

Empleada : Son 300 euros con IVA.

Viajero : Vale. Aquí tiene mi tarjeta de crédito.

Empleada : Ya está. Gracias. Buen viaje.

제 11 과 여행사에서

1. 여행상품 알아보기

관광객 : 안녕하세요.

직　원 : 안녕하세요. 앉으시지요. 무엇을 원하십니까?

관광객 : 이번 부활절 주간 동안 남쪽을 여행하고 싶습니다.

직　원 : 혼자 가길 원하세요, 아니면 단체로 가길 원하세요?

관광객 : 여행이 각각 어떻게 구성되어 있죠?

직　원 : 만약 혼자 가신다면, 저희들은 호텔과 왕복교통표만 예약을 해 드립니다. 이 경우 식비와 시내 교통비 같은 모든 기타 비용은 개인적으로 지불하셔야 합니다. 하지만 단체로 여행하시면 모두가 함께 움직이며 모든 비용이 가격에 포함되어 있습니다.

관광객 : 좋습니다. 개인 여행이 마음에 드는군요. 저는 혼자 움직이고 싶습니다.

직　원 : 그렇다면, 왕복교통표와 3일 호텔 숙박 요금이 400 유로입니다.

관광객 : 어휴, 상당히 비싸군요. 조금 더 생각해 볼게요. 고맙습니다.

직　원 : 천만에요.

2. 항공권 예매하기

직 원 : 안녕하세요. 뭘 도와드릴까요?

여행객 : 안녕하세요. 이번 토요일 오전에 파리에 가고 싶습니다. 왕복권을 하나 예약할 수 있을까요?

직 원 : 언제 돌아오실 예정입니까?

여행객 : 일요일 오후 예정입니다. 거기서 하루 머뭅니다.

직 원 : 봅시다... 이번 주말에 아에로파리스의 모든 비행기 편이 만석입니다. 하지만 아에로마드리드는 여유 좌석들이 있군요.

여행객 : 비행기 출발과 도착시간이 언제입니까?

직 원 : 오전 8시 15분에 떠나는 비행편이 하나 있습니다. 그리고 돌아오는 비행편은 파리에서 밤 9시 반에 출발합니다. 괜찮으십니까?

여행객 : 출발 시간은 좋습니다. 하지만 돌아오는 다른 비행편은 없습니까? 좀 더 일찍 돌아오고 싶은데요.

직 원 : 미안합니다. 일요일 오후에는 다른 여유편이 없습니다. 모든 비행편들이 만석입니다.

여행객 : 좋습니다. 지금 제게 티켓을 주시나요?

직 원 : 아닙니다. 공항의 우리 여행사 창구에서 받으실 수 있습니다. 하지만 지불은 지금 하셔야 합니다.

여행객 : 얼마입니까?

직 원 : 부가가치세 포함해서 300유로입니다.

여행객 : 좋습니다. 제 신용카드 여기 있습니다.

직 원 : 됐습니다. 감사합니다. 좋은 여행되시기를 바랍니다.

문법 설명 및 구문 응용

◈ ¿En qué consiste cada viaje?

형용사 cada는 성·수 변화를 하지 않는 형용사로 "각각의"라는 뜻을 갖는다. 위 문장은 개인여행과 단체여행, 즉 "각 여행(cada viaje)이 어떻게 구성되어 있는가"를 묻는 의문문이다. 동사 consistir는 전치사 en과 함께 "~로 구성되어 있다"는 뜻으로 사용된다.

Su fortuna consiste en tierras. 그의 재산은 토지로 이루어져 있다.

◈ Si quiere ir sola, reservamos solo el hotel y el pasaje, ida y vuelta.

형용사 solo(a)는 그 성격상 수식하는 명사의 성·수에 일치한다. 위 문장 Si quiere ir sola [...]에서 sola는 주격 보어로써 주어와 성·수가 일치한다. solo는 solamente와 같은 의미의 부사로도 사용된다.

참고로, 관용적 표현 a solas(단독으로)도 기억해 두자.

Quiero hablar a solas con el profesor.
나는 교수님과 단독으로 이야기하길 원한다.

◈ Pero en grupo se mueven todos juntos y todos los gastos están incluidos en la tarifa.

todo는 문장에 따라 형용사, 부사, 대명사의 형태로 다양하게 사용될 수 있다. 위 문장의 todos juntos(모두 함께)에서는 대명사로 사용되었으며 todos los gastos(모든 비용)에서는 형용사 역할을 하고 있다. 이처럼 todo가 형용사로 쓰이는 경우에는 명사를 수식할 수 있으며, 그 사이에 관사나 소유형용사 같은 한정사가 올 수 도 있다 (예: todos los hombres, toda mi vida).

참고로 아래의 표현들도 익혀두자.

sobre todo	특히
ante todo	우선
todo el día	하루 종일
todos los días	매일
de todos modos	어쨌든

todos los gastos están incluidos는 '상태 수동 구문'으로써 "모든 비용이 포함되어 있다"는 의미를 갖는다.

La puerta está abierta. 문은 열려있다.
Las ventanas están cerradas. 창문들은 닫혀있다.

◈ Bueno, quiero ir a París este sábado por la mañana.

모든 언어가 그렇듯이 스페인어도 문장 서두나 중간에 사용되는 간투사(間投詞)를 갖고 있다. 위 문장에서 사용된 Bueno가 그 예이다. 원래의 의미는 "좋은"이라는 뜻의 형용사지만, 이 경우는 문장을 도입하기 위해 사용한 간투사이다. 이 밖에도 Pues, Anda, Venga, Es que, La verdad es que 등의 어구도 간투사로 쓰인다.

"~ 요일에"라는 표현을 할 때 전치사는 사용하지 않는다. 즉, 위 문장에서처럼 este sábado로 표현하며 en este sábado와 같은 표현은 사용하지 않도록 유의한다.

반면에, 막연하게 "오전/오후/저녁에"라 표현에서는 전치사 por 또는 en을 사용한다. 즉, por la mañana(오전에), por la tarde(오후에), por la noche(밤에)로 각각 표현한다. 그러나 구체적인 시간과 함께 쓰여 "오전/오후/저녁 ~ 시"라는 표현에서는 전치사 de를 사용한다.

Son las cinco de la tarde. 오후 5시이다.

◈ ¿A qué hora sale y llega el avión?

"~ 시에"라는 표현을 할 때 전치사 a를 사용한다.

'(비행기가) 출발하다'라는 표현에는 salir 이외에도 partir를 쓸 수 있다.

El autobús parte a las 6 de la tarde. 버스는 오후 6시에 출발한다.
El tren llega a las 10 de la mañana. 기차는 오전 10시에 도착한다.

◈ Son 300 euros con IVA.

일반적으로 동사는 주어에 일치한다. 그러나 동사가 보어에 일치하는 경우도 있다. 대표적인 예가 위 문장이다. ser 동사가 숫자를 보어로 취하는 경우 그 보어와 수가 일치해야 한다. 위 문장에서 주어가 단수라는 사실은 질문이 ¿Cuánto vale? 또는 ¿Cuánto es?로 단수 동사를 취하고 있다는 데에서 쉽게 이해할 수 있다.

◈ Vale.

Está bien 혹은 De acuerdo에 해당하는 표현으로 상대방의 의견에 동의하거나, 의문문 형태로 상대방의 동의를 구할 때 사용된다.

◈ Aquí tiene mi tarjeta de crédito.

Aquí tiene는 상대방에게 물건 등을 건네줄 때 사용되는 표현이다.

la tarjeta de crédito는 "신용카드"이며, 다른 지불 수단으로는 다음과 같은 것들이 있다.

en efectivo	현금으로
el cheque	수표
el billete	지폐
la moneda	주화, 동전
la tarjeta de débito	직불카드

Lección 12 En el hotel

1. Buscando una habitación

Recepcionista : Hola, buenas tardes. ¿En qué puedo servirle, señorita?
Viajera : Necesito una habitación, por favor.
Recepcionista : ¿Doble o individual?
Viajera : Doble.
Recepcionista : ¿Solo para esta noche?
Viajera : No, para dos noches. ¿Cuánto es?
Recepcionista : Habitación doble, desayuno incluido, para dos personas, por dos noches, son 180 euros.
Viajera : Vale.
Recepcionista : ¿Me permite su pasaporte, por favor?
Viajera : Sí, aquí tiene.
Recepcionista : Gracias. Aquí tiene la llave. Su habitación es la 1305.
Viajera : Muchas gracias.
Recepcionista : De nada. Buenas noches.
Viajera : Ah, ¿dónde está el ascensor?
Recepcionista : Allí, al fondo.
Viajera : Bien, gracias.

2. Aprovechando el servicio a la habitación

Empleado : (*Ring, ring*) Servicio de habitaciones. ¿En qué puedo servirle?

Viajera : Llamo de la habitación número 1305. ¿Puede mandarme una botella de cava, por favor?

Empleado : Claro que sí, señorita. ¿Tiene alguna marca preferida?

Viajera : No, señor. ¿Puede recomendarme una?

Empleado : Le recomiendo un Codorníu. Es muy bueno.

Viajera : De acuerdo. Y algo para picar con la cava, por favor.

Empleado : Enseguida, señorita. ¿Quiere algo más?

Viajera : Sí, necesito un mapa y una guía turística de Cataluña. ¿Los tienen?

Empleado : Claro que sí. Se los enviamos ahora mismo.

Viajera : Otra pregunta. ¿A qué hora es el desayuno? ¿Y cuánto se paga por ver el canal de cine?

Empleado : Pues, el desayuno es de 6:00 a 8:00. Y son 2 euros por película. Ya está conectado el canal. En la pantalla sale la lista de películas. Ud. puede elegir la que quiera. Puede pagar los gastos al hacer *check-out*.

Viajera : Muy bien. Gracias.

제 12 과 호텔에서

1. 방 구하기

직　원 : 안녕하세요. 무엇을 도와드릴까요, 아가씨?
여행객 : 방 있나요?
직　원 : 2인실을 원하십니까, 아니면 1인실을 원하십니까?
여행객 : 2인실이요.
직　원 : 오늘 저녁만 묵으실 겁니까?
여행객 : 아니요. 이틀 밤 묵을 겁니다. 얼마지요?
직　원 : 2인실에 아침식사포함해서 이틀 밤 180유로입니다.
여행객 : 좋습니다.
직　원 : 여권 좀 주시겠습니까?
여행객 : 예, 여기 있습니다.
직　원 : 감사합니다. 열쇠 여기 있습니다. 1305호입니다.
여행객 : 대단히 감사합니다.
직　원 : 천만에요. 좋은 저녁 되시기 바랍니다.
여행객 : 아, 엘리베이터가 어디에 있습니까?
직　원 : 저기, 안쪽에 있습니다.
여행객 : 예, 고맙습니다.

2. 룸서비스 이용하기

직 원 : (*따르릉, 따르릉*) 룸서비스입니다! 무엇을 도와드릴까요?

여행객 : 1305호에요. 까바(샴페인의 일종) 한 병 보내 주실 수 있나요?

직 원 : 물론입니다, 아가씨. 원하시는 브랜드가 있습니까?

여행객 : 없어요. 제게 하나 추천해 주실 수 있나요?

직 원 : 꼬도르니우를 추천해드리고 싶습니다. 아주 좋습니다.

여행객 : 좋습니다. 그리고 까바와 함께 안주로 먹을 만한 것도 부탁합니다.

직 원 : 즉시 가져다 드리겠습니다, 아가씨. 더 원하시는 것 있습니까?

여행객 : 예, 까딸루냐 지도와 관광 안내서가 필요합니다. 있습니까?

직 원 : 물론입니다. 지금 즉시 보내드리겠습니다.

여행객 : 다른 질문이 있습니다. 아침 식사는 몇 시에 제공됩니까? 그리고 영화 채널을 보는데 얼마 지불해야 하지요?

직 원 : 예, 아침 식사는 6시에 시작해서 8시까지입니다. 영화는 편당 2유로입니다. 채널은 이미 연결되어 있습니다. 화면에 영화 목록이 나옵니다. 원하시는 것을 선택하시면 됩니다. 비용은 체크아웃 할 때 지불 하시면 됩니다.

여행객 : 좋습니다. 감사합니다.

문법 설명 및 구문 응용

◈ Habitación doble와 habitación individual

스페인에서 habitación doble는 2인실, habitación individual은 1인실을 의미한다. habitación doble는 일반적으로 트윈 침실을 의미하며, 2인용 침대 1개가 있는 방은 habitación doble con cama matrimonial이라고 표현한다.

스페인의 오래된 호텔 또는 모텔 중 일부는 방에 욕실이 없는 경우가 있으므로 본문에서처럼 ¿Con baño o sin baño?의 표현으로 확인할 수 있다. 그리고 아침식사 포함여부를 알기 위해서는 ¿Está incluido el desayuno?라고 물을 수 있다.

◈ ¿Me permite su pasaporte, por favor?

동사 permitir는 "허용하다", "허락하다" 등의 의미로 사용된다. 본문에서는 "～을 보여주다"라는 의미로 사용되었다. 위 문장의 형태는 의문문이지만, 내용상으로는 명령형이다. 이처럼 명령을 나타내는 방법은 여러 가지가 있으니 유의해 익혀두면 좋다. permitir 동사는 동사원형을 취해 "~하도록 허용하다"라는 의미로 자주 사용된다.

> ¿Me permite pasar, por favor? 저 좀 지나가게 해 주시겠습니까?
> Ellos no me permiten salir. 그들은 나를 나가지 못하게 한다.

◈ servicio a la habitación/ servicio de habitaciones

servicio a la habitación은 호텔에서 투숙객에게 제공되는 룸서비스를 지칭하며 servicio de habitaciones는 룸서비스를 제공하는 호텔 내부의 부서를 지칭한다.

그 밖의 호텔관련 용어로는 다음과 같은 것들이 있다.

la recepción	안내카운터
el maletero	포터
el servicio de llamada de cobro revertido	수신자부담전화서비스
el servicio de lavandería	세탁서비스

◈ Puede pagar los gastos al hacer *check-out*

'체크 인(check-in)', '룸서비스(room-service)', '체크 아웃(check-out)' 등의 호텔 용어는 스페인이나 라틴아메리카에서도 영어 그대로 통용되기도 한다. 위 본문의 경우도 마찬가지이다. '체크아웃'이라는 용어는 우리나라에서와 마찬가지로 스페인어권 호텔에서도 흔히 쓰이는 말이다.

◈ [...] y algo para picar con la cava, por favor.

picar는 주로 "(바늘이나 가시 등으로) 찌르다" 또는 "(모기 등이) 물다"라는 뜻으로 쓰이지만, 여기서는 "집어먹다" 또는 "찍어먹다" 라는 뜻이다. 주로 바(bar)나 카페테리아(cafetería) 등에서 간단한 안주 거리(tapas)를 "(포크나 이쑤시개 따위로) 찍어먹는 것"을 나타내는 말이다.

cava는 샴페인의 일종이다. 주로 크리스마스나 연말연시 등에 많이 마신다. Codorníu는 스페인에서 유명한 cava 브랜드이다.

◈ ¿A qué hora es el desayuno?

이 구문에서 사용된 동사 ser는 "있다, 시작하다" 등의 의미로 쓰인 것이다.

유사한 의미로 ofrecer(~을 ~에게 제공하다)를 쓸 수도 있다. 이 경우에는 se가 함께 사용되어 수동구문으로 표현된다. 이러한 의미를 표현할 수 있는 다른 동사들로는 servir나 empezar등 도 있다. servir는 기본적으로 자동사이지만 타동사로도 쓰이므로 se와 함께 수동구문으로 사용이 가능하다. 그러나 empezar는 다음과 같이 se를 사용하지 않고도 자동사로 사용될 수 있다.

¿A qué hora se ofrece el desayuno? 아침 식사는 몇 시에 제공됩니까?
¿A qué hora se sirve el desayuno? 아침 식사는 몇 시에 제공됩니까?
¿A qué hora empieza el desayuno? 아침 식사는 몇 시에 시작합니까?

◈ Ud. puede elegir la que quiera.

la que quiera는 la película que quiera로써 que는 목적격 관계대명사이다. 선행사 película가 사물이므로 관계대명사로 que가 사용되었다. 관계대명사 앞의 정관사는 지칭하는 요소의 성과 수에 따라 변화한다.

관계절에서 쓰인 동사 quiera는 querer의 접속법 현재 3인칭 단수형이다. 일반적으로 접속법(接續法)은 주절의 주어가 종속절 내용의 실현 여부에 대해 확신하지 못하는 경우에 사용되는 법이다. 위 문장은 화자가 상대방이 어떠한 영화를 선택할지에 대한 확신이 없는 상태에서 표현하는 문장이므로 종속절에 접속법을 사용하고 있다.

querer 동사의 접속법 현재 변화형은 다음과 같다.

인칭 \ 수	단수	복수
1	quiera	queramos
2	quieras	queráis
3	quiera	quieran

Refranes

Donde hay una voluntad hay un camino.
뜻이 있는 곳에 길이 있다.

Las paredes tienen oídos.
벽에도 귀가 있다.

Perro labrador, poco mordedor.
짖는 개는 물지 않는다.

No se ganó Zamora en una hora.
사모라市는 한 시간 만에 정복된 것이 아니다. (로마는 하루에 이루어진 것이 아니다.)

No hay mal que dure cien años.
백년간 지속되는 악은 없다.

Si se te cierra una puerta, otra hallarás abierta.
한쪽 문이 닫히면 다른 쪽 문이 열릴 것이다.

Quien no ha visto a Sevilla no ha visto maravilla.
세비야를 보지 못한 자는 경이로움을 보지 못한 것이다.

Lección 13 En el aeropuerto

1. En el mostrador

Empleado : Hola, buenos días. ¿Adónde va Ud., señorita?

Señorita : A Madrid.

Empleado : Ponga sus maletas aquí para pesarlas, por favor. ¿Puede enseñarme su pasaporte y el billete, por favor?

Señorita : Sí, claro. Aquí tiene.

Empleado : Son 25 kilos en total. No se permite llevar más de 20 kilos por persona. Tiene que pagar 5 kilos de exceso.

Señorita : ¿De verdad? En la agencia de viaje me han dicho que puedo llevar hasta 25 kilos. ¿No es así?

Empleado : Lo siento, señorita. Se han equivocado ellos. Así es la condición de la facturación.

Señorita : ¿Cuánto debo pagar por cada kilo de más?

Empleado : 7 euros. En total son 35 euros. Puede pagarlo en la ventanilla que está allí.

Señorita : ¡Uf! Es demasiado. Voy a llevarme a bordo esta maletita.

Empleado : Entonces son 19 kilos. Aquí tiene su pasaporte y el billete. Guarde bien su tarjeta de embarque. Puede subir a bordo en la puerta número 3 y su asiento es el 47B. Buen viaje.

Señorita : Gracias.

Empleado : A Ud., señorita.

2. En el control de inmigración y aduanas

Aduanero : Hola, su pasaporte, por favor. ¿Tiene algo que declarar?
Señorita : No, no tengo nada que declarar.
Aduanero : Vale. ¿Cuál es el propósito de su visita?
Señorita : Vengo a España para estudiar español. Soy estudiante.
Aduanero : ¿En dónde y cuánto tiempo va a quedarse?
Señorita : Me quedaré en el colegio mayor San Agustín por dos meses. Me he matriculado en el curso de verano de la Universidad Complutense de Madrid.
Aduanero : ¿Me deja sus maletas, por favor?
Señorita : Claro que sí. Aquí tiene.
Aduanero : ¿Qué es esto? ¿Para qué sirven estos comprimidos?
Señorita : ¡Ah! Para mi gripe.
(*Después de inspeccionar las maletas*)
Aduanero : Muchas gracias. Aquí tiene su pasaporte. Bienvenida a España.
Señorita : Gracias. Adiós.

제 13 과 공항에서

1. 검색대에서

직 원 : 안녕하세요. 어디 가십니까, 아가씨?

아가씨 : 마드리드에 갑니다.

직 원 : 중량을 재도록 짐들을 여기 올려놓으세요. 그리고 여권과 비행기표 좀 보여 주시겠습니까?

아가씨 : 예, 물론이지요. 여기 있습니다.

직 원 : 총 25킬로군요. 1인당 20킬로 이상 가져가는 것은 허용되지 않습니다. 5킬로 초과분은 지불하셔야 합니다.

아가씨 : 그래요? 여행사에서는 25킬로까지 가져갈 수 있다고 하던데요. 그렇지 않은가요?

직 원 : 미안합니다, 아가씨. 그 사람들이 잘못 알고 있는 겁니다. 수하물 규정이 그렇습니다.

아가씨 : 초과분은 킬로 당 얼마를 더 지불해야 합니까?

직 원 : 7유로입니다. 총 35유로입니다. 저기 있는 창구에서 내시면 됩니다.

아가씨 : 우와, 너무 많군요. 이 작은 가방은 들고 타겠습니다.

직 원 : 그러면 19킬로군요. 여권과 비행기표 여기 있습니다. 탑승권 잘 보관하십시오. 3번 게이트에서 탑승하시고 좌석은 47B입니다. 좋은 여행 되십시오.

아가씨 : 감사합니다.

직 원 : 천만에요, 아가씨.

2. 입국심사장과 세관에서

세관원 : 안녕하세요, 여권 좀 보여주십시오. 신고할 물건 있습니까?
아가씨 : 아니오, 아무 것도 신고할 것 없습니다.
세관원 : 좋습니다. 방문 목적이 무엇입니까?
아가씨 : 스페인어 공부하러 왔습니다. 학생입니다.
세관원 : 어디서 얼마 동안 머물 예정입니까?
아가씨 : 산 아구스띤 기숙사에서 두 달 동안 머물 예정입니다. 마드리드 꼼쁠루뗀세 대학교 하계과정에 등록했습니다.
세관원 : 가방 좀 보여주시겠습니까?
아가씨 : 물론입니다. 여기 있습니다.
세관원 : 이건 무엇입니까? 이 알약들은 무엇에 쓰는 거지요?
아가씨 : 아! 제 감기약입니다.
(*가방 검사 후에*)
세관원 : 대단히 감사합니다. 여권 여기 있습니다. 스페인에 오신 걸 환영합니다.
아가씨 : 감사합니다. 수고하십시오.

문법 설명 및 구문 응용

◈ ¿Adónde va Ud.?

의문사가 전치사를 동반하는 경우 각각 따로 쓰지만, 의문사 dónde가 전치사 a와 함께 쓰이는 경우에는 예외적으로 adónde처럼 붙여 쓴다.

¿Adónde vas? 너 어디 가니?
¿Por dónde se va al ayuntamiento? 시청은 어느 쪽으로 갑니까?
¿Hasta cuándo tenemos que terminarlo?
우리는 언제까지 그것을 끝마쳐야 합니까?
¿Con quién está hablando él? 그는 누구와 이야기하고 있니?
¿De qué trata este libro? 이 책은 무엇에 관한 것입니까?

관계부사로 쓰이는 경우에도, donde는 '선행사가 명시적인 경우'에는 전치사 a와 붙여서 adonde로 사용하고 그렇지 않은 경우에는 a donde처럼 분리하여 쓴다. 다른 전치사와는 모두 분리하여 쓴다.

Allí está el parque de atracciones adonde fuimos antes.
우리가 전에 갔던 놀이공원이 저기 있다.
Ella sube a donde le han señalado.
그녀는 그들이 알려준 곳으로 올라간다.

◈ No se permite llevar más de 20 kilos por persona.

se는 수동구문을 만들기 위해 사용된 요소이다. 이 문장의 주어는 'llevar más de 20 kilos por persona'이며 "개인당 20킬로 이상을 가져가는 것이 허용되지 않는다"로 해석된다.

Se prohíbe fumar aquí. 여기서는 담배피우는 것이 금지되어 있다.
Se requiere opinar sobre eso. 그 일에 대해 의견을 말하는 것이 요구된다.

"~이상"이라는 의미의 más de 뒤에는 주로 숫자가 등장한다. 반대로 "~미만"의 의미를 표현하고자 할 경우는 menos de로 표현한다.

Necesitamos más de 2 horas. 우리는 2시간 이상이 필요하다.
Allí han participado menos de 30 personas.
30명 미만의 사람들이 거기에 참석했다.

"~당"과 같이 '빈도' 혹은 '비율'의 의미를 나타낼 때 전치사 por를 쓰며 정관사는 생략한다.

por segundo / minuto / hora 초 / 분 / 시간 당
por día / semana / mes / año 일 / 주 / 월 / 년 당
por kilo / litro / metro 킬로 / 리터 / 미터 당
por caja 상자 당

◈ En la agencia de viaje me han dicho que puedo llevar hasta 25 kilos.

han dicho는 decir 동사의 현재완료 3인칭 복수형태이다. 즉 화자가 과거에 일어난 행위이지만 그 결과가 현재까지 영향을 미치고 있다고 판단하는 경우에 사용되는 시제이다. 이는, 비록 의미상으로는 과거에 일어난 행위를 나타내지만, 형태상 현재에 속하는 시제이므로 종속절의 동사도 현재를 쓸 수 있다. 만약 주절의 시제가 과거라면 종속절의 시제도 과거나 문법적으로 그에 상응할 수 있는 시제로 일치시켜야 하는 것이다. 주절의 시제가 과거인데 종속절의 시제가 현재가 될 수는 없기 때문이다.

En la agencia de viajes me dijeron que podía llevarlo. (O)
En la agencia de viajes me dijeron que podría llevarlo. (O)
En la agencia de viajes me dijeron que puedo llevarlo. (X)

◈ Se han equivocado ellos.

여기서 equivocarse는 "(주어가) ~을 잘못 알고있다, 실수하다"라는 의미를 표현하는데 "~에 대해서 혹은 ~을 잘못 알고 있다"로 표현하고자 할 경우는 전치사 de를 사용한다.

Ud. se equivoca del precio. 당신이 가격을 잘못 알고 있는 겁니다.
Te equivocas. 네가 틀렸어.
Lo siento. Me he equivocado. 미안합니다. 제가 착각(또는 실수)했습니다.

◈ Es demasiado.

"지나치군요" 또는 "너무 많군요"라는 의미이다. demasiado는 형용사와 부사로 모두 쓰인다. 형용사로 쓰이는 경우는 "지나친, 과도한, 너무 많은" 등의 의미로 쓰이고, 부사인 경우는 "너무나도, 지나치게"라는 의미로 쓰인다. en demasia라고 표현하기도 하지만 많이 쓰이지는 않는다. 따라서 대부분의 경우 그 자체로 부정의 의미를 내포하고 있다.

Hay demasiada gente en la playa. 해변에 사람들이 너무 많다.
Trabajamos demasiado. 우리는 일을 너무 많이 한다.

전치사 para와 함께 쓰여 no나 nunca 등의 부정어 없이도 "너무 ~해서 ~하지 않다"라는 부정 구문을 만든다.

Hay demasiado ruido para trabajar con tranquilidad.
너무 시끄러워서 차분하게 일을 할 수 없다.
Esa montaña es demasiado alta para subir con este equipo.
그 산은 너무 높아서 이 장비로는 올라갈 수 없다.

◈ ¿Tiene algo que declarar?

"신고할 물건 있습니까?"라는 의미이다. 세관에서 거의 항상 하는 질문이므로 익혀두면 매우 유용하게 사용할 수 있는 표현으로 소위 '브정사 관계구문'이라 불리는 유형이다. 일반적으로 관계절 내부에 출현하는 동사는 인칭 변화형을 취하지만, 이와 같은 구문에서는 부정사가 출현하고 있다. 이런 구문은 아래와 같은 특정 환경 하에서 성립된다.

1) 선행사가 부정사나 전치사의 목적어여야 한다. 즉 주어 역할을 해서는 안 된다.

Tengo una camisa que lavar. 나는 세탁할 셔츠를 하나 갖고 있다.
Necesito un libro que leer. 나는 읽을 책이 한 권 필요하다.
Necesito a un hombre en quien confiar. 믿을 만한 사람 하나가 필요하다.

2) 선행사가 비명시적이어야 한다. 즉 algo, nada, mucho, poco 등이거나, varios 혹은 부정관사를 동반하거나 무관사인 명사구 등이어야 한다.

Eso no tiene nada que ver conmigo. 그 일은 나와는 아무런 관련이 없다.
Hoy tenemos mucho que hacer. 오늘 우리는 할 일이 많다.

3) 주절의 동사는 주로 어떠한 대상을 찾을 때 사용하는 동사인 encontrar, buscar, '필요'와 '바램'을 나타내는 querer, necesitar, desear와 같은 동사, 그리고 '소유관계'를 표현하는 tener, poseer등의 동사, '존재'를 표현하는 quedar, haber 등과 같은 일부 동사로 제한된다.

No hay nada que hacer aquí. 여기서는 아무 것도 할 일이 없다.

위의 ¿Tiene algo que declarar? 에서도 선행사인 algo는 declarar의 목적어 역할을 하며 비명시적이다. 또한 주절의 동사가 tener로써 위의 '부정사 관계 구문' 성립 조건을 충족시키고 있다.

◈ Me he matriculado en el curso de verano [...].

matricular는 타동사로써 "~을 등록시키다"라는 뜻이다. 따라서 "(주어)자신이 ~에 등록하다"를 표현하기 위해서 재귀형태에 등록장소를 표시하는 전치사를 동반하여 matricularse en이 사용된 구문이다.

curso de verano는 스페인의 대학교들이 여름방학 동안에 개설하는 과정으로써 주로 외국 학생들이 많이 수강한다.

Refranes

No hay caballo por bueno que sea, que no tropiece.
아무리 훌륭한 말이라고 넘어지지 않는 말은 없다.
(원숭이도 나무에서 떨어질 때가 있다.)

Ir por lana, y volver trasquilado.
양털을 깎으러 갔다가 도리어 깎여서 돌아온다.
(되로 주고 말로 받는다.)

La gota labra la piedra a fuerza de tanto caer.
물방울 떨어지는 힘이 돌을 판다.

Más vale tarde que nunca.
늦게라도 하는 것이 안하는 것보다 낫다.

Más vale pájaro en mano que ciento que vuelan.
날아다니는 백 마리 새보다 내 손안에 한 마리 새가 더 낫다.

Salir de las llamas, y caer en las brasas.
불꽃을 피했더니 숯불 위에 넘어진다.
(설상가상, 엎친 데 덮친 격)

Vuelan las noticias malas como si tuvieran alas.
나쁜 소식은 날개가 달린 것처럼 하늘을 날아간다.

Lección 14 Presentando a la familia

Hola, me llamo Yuri Min. Soy de Corea del Sur. Llevo solo una semana aquí. Por eso todavía no conozco bien esta ciudad. Estoy cursando el primer año de Traducción e Interpretación de Español en la Universidad Hankuk de Estudios Extranjeros. Después de graduarme de la universidad yo quiero ser periodista. Quiero trabajar en los países de habla española como corresponsal o enviada especial y escribir artículos acerca de esos países. Quiero ser un 'puente' entre Corea y los países de habla española. Estoy estudiando español para lograr ese sueño.

En mi familia somos cinco: mis padres, mi hermano mayor, mi hermana menor y yo. Mis padres tienen un supermercado. Para mantener nuestro hogar ellos trabajan hasta muy tarde por la noche. Casi siempre están ocupados como todos los padres.

Mi hermano mayor está en el servicio militar. Puesto que la Península Coreana está dividida en dos partes: el Sur, capitalista y el Norte, comunista, casi todos los jóvenes varones de Corea del Sur están obligados a cumplir el servicio militar por unos dos años. Todavía le queda más de un año y medio.

Mi hermana menor tiene dos años menos que yo. Está en el segundo año del bachillerato. Como muchos chicos de su edad, no tiene tiempo para divertirse, porque lo más importante es entrar a la universidad en dos años.

Me alegro mucho de conoceros. Muchas gracias.

제 14 과 자기 가족 소개

안녕, 내 이름은 민유리야. 한국(남한) 사람이야. 여기 온지 이제 겨우 일주일 됐어. 그래서 아직 이 도시를 잘 몰라. 나는 한국외국어대학교 스페인어통·번역학과 1학년에 재학 중이야. 졸업 후에는 신문기자가 되고 싶어. 스페인어 사용 국가에서 통신원이나 특파원으로 일하며 그 나라들에 대한 기사를 쓰고 싶어. 나는 한국과 스페인어 사용 국가들 간의 '가교'가 되고 싶어 그 꿈을 이루기 위해 스페인어를 공부하는 거야.

우리 가족은 다섯 명이야. 부모님, 오빠, 여동생 그리고 나야. 우리 부모님은 슈퍼마켓을 갖고 계셔. 우리 가정을 유지하기 위해 밤늦게까지 일 하셔. 모든 부모님들처럼 항상 바쁘시지.

우리 오빠는 군 복무 중이야. 한반도는 남쪽은 자본주의, 북쪽은 공산주의로 분열되어 있어서, 한국(남한)의 거의 모든 젊은 남자들은 약 2년 동안 의무적으로 군복무를 해야만 해. 오빠는 아직 1년 반 이상 남았어.

내 여동생은 나보다 두 살 어려. 고등학교 2학년이야. 또래의 많은 아이들처럼 놀 시간이 없어. 왜냐하면 가장 중요한 것이 2년후 대학교에 입학하는 것이기 때문이야.

너희들을 알게 되어 정말 기뻐. 고마워.

문법 설명 및 구문 응용

◈ Llevo solo una semana aquí.

llevar 동사는 시간 단위를 목적어로 취해 "～의 시간을 보내다" 또는 "～한 지 얼마 되다"라는 의미를 나타낸다.

Llevo tres meses sin hablar con él.
나는 그와 말 안한지 3달 되었다.
Ana lleva dos años trabajando en esta empresa.
아나는 이 회사에서 2년째 일하고 있다.

◈ [...] casi todos los jóvenes varones están obligados a cumplir el servicio militar por unos dos años.

『estar obligado a + inf.』는 "의무적으로 ～을 해야 한다"는 의미이다. 전치사 por는 '이유', '원인'의 의미로 주로 쓰이지만 본문에서처럼 '시간의 지속'을 나타내는 데도 쓰인다. unos는 "약, 대략(= aproximadamente, más o menos)"의 뜻을 갖는다.

◈ Todavía le queda más de un año y medio.

quedar는 자동사로서 "남아있다"라는 의미이다. 본문에서는 주어인 más de un año y medio가 단수이므로 동사형은 queda가 사용되었다. quedar는 형용사나 과거분사와 함께 쓰여 "～한 상태이다"의 의미로도 사용된다.

El abrigo me queda grande. 외투가 내게는 크다.

◈ Mi hermana menor tiene dos años menos que yo.

나이의 많고 적음을 나타낼 때 형용사 mayor와 menor로 각각 표현한다. menos는 수나 양의 적음을 나타내는 비교급 부사이다.

Mi hermano mayor 나의 형/ 오빠
Mi hermana mayor 나의 누나/ 언니
Juan es mayor que Ana. 후안은 아나보다 나이가 많다.
Tengo 3 años menos que mi hermano mayor.
나는 내 형보다 세 살 어리다.

◈ porque lo más importante es entrar a la universidad en dos años.

일반적으로 최상급의 의미는 『정관사 + más / menos + 형용사 + 전치사 (de, en, entre)』, 『정관사 + 명사 + más / menos + 형용사 + 전치사 (de, en, entre)』의 구조로 표현 한다. 위 문장은 형용사 importante와 함께 중성관사 'lo'를 사용하여 "제일 중요한 것은"이라는 의미를 『중성관사 + más / menos + 형용사』의 구조로 표현하고 있다.

Gerardo es el más simpático de los amigos.
헤라르도는 친구들 중 제일 착하다.
Este centro comerial es el más moderno de la ciudad.
이 쇼핑몰은 시중에서 제일 현대적인 쇼핑몰이다.
Sofía es la menos elocuente de todas.
소피아는 모든 여자들 중에서 제일 말수가 적다.

시험에 관계되는 표현들로는 다음과 같은 것들이 많이 사용된다.

el examen de ingreso　입학시험
el examen escrito　필기시험
el examen oral　구두시험
la entrevista　면접시험
calificar　평가하다 (la calificación 평가)
tener examen　시험을 보다 (= presentarse a examen).
revisar el examen　채점하다.
aprobar el examen　시험에 합격하다 (= tener éxito en el examen).
reprobar el examen　시험에 불합격하다.
suspenderse en la gramática elemental 초급문법 과목에서 낙제하다.
el crédito (과목에 부여된) 학점 수 (예: 2 créditos 2학점)
　　adquirir 18 créditos 18 학점을 취득하다.
la nota (학생이 취득하는) 점수, 학점
　　ganar / sacar buenas notas 좋은 학점을 취득하다.
la papeleta 성적표
el certificado académico 성적증명서 (재학 및 졸업 사실도 함께 명기되므로 재학증명서 또는 졸업증명서라고도 할 수 있음)

문구류

el afilalápices	연필깎이 (= sacapuntas)
el archivador	서류꽂이
el bolígrafo	볼펜
el borrador	지우개
la calculadora	계산기
la carpeta	폴더
el cartucho	잉크 카트리지
la cinta adhesiva	접착테이프
el clip	클립
el cuaderno	공책
el estuche para lápices	필통
la grapadora	스테이플러
la hoja	용지
el lápiz	연필
la pizarra	칠판
el portaminas	샤프
el rotulador	보드마커
el sobre	봉투
el sujetalibros	북엔드
las tijeras	가위
la tiza	분필
el vade de corte	컷팅패드

Lección 15 Presentación de mi universidad

Soy estudiante de primer año de la carrera de Traducción e Interpretación de Español en la Universidad Hankuk de Estudios Extranjeros. Allí se enseñan más de 40 idiomas extranjeros. Es la universidad de máximo prestigio en la enseñanza de idiomas y estudios regionales en Corea. El lema de la universidad es "abanderismo", *frontiership* en inglés. Muchos de sus graduados trabajan en la diplomacia, la seguridad nacional o el comercio internacional.

La ventaja de estudiar en mi universidad es que cualquier estudiante puede seguir más de dos carreras a la vez. Por ejemplo, mi carrera principal es Traducción e Interpretación de Español y el año que viene comienzo a estudiar Economía Internacional como mi segunda carrera. Tengo mucho interés en el comercio internacional con los países de América Latina. Además de estas dos carreras, quiero estudiar otro idioma, el portugués, para tener oportunidad de trabajar en Brasil, al que considero un país de muchas posibilidades.

Después de terminar mi estudio de licenciatura quiero hacer un Máster en Derecho Comercial Internacional para trabajar luego como abogado en el área de comercio internacional. En mi universidad podemos hacer realidad nuestro sueño. Por eso voy a aprovechar todas las ventajas que nos ofrece.

Nos vemos en *Wall Street* o en alguna ciudad de América Latina dentro de unos diez años. Muchas gracias.

제 15 과 나의 대학 소개

저는 한국외국어대학교 스페인어통번역학과 1학년 학생입니다. 우리 대학교는 40개 이상의 외국어를 가르칩니다. 한국에서 외국어 교육과 지역 연구에 있어서 최고의 권위를 지닌 대학입니다. 우리 대학교의 표어는 "개척자정신" 그러니까 영어로는 frontiership입니다. 많은 졸업생들이 외교, 국가안코 또는 국제 무역에 종사하고 있습니다.

우리 대학교에서 공부하는 것의 장점은 어느 학생이라도 동시에 두 개 이상의 전공을 가질 수 있다는 것입니다. 예를 들어, 저의 제1전공은 스페인어 통번역이고 내년에는 국제경제를 제2전공으로 공부하기 시작할 것입니다. 저는 라틴아메리카 국가들과의 국제 무역에 관심이 많습니다. 이 두 전공 이외에도 외국어를 하나 더 공부하고 싶은데, 브라질에서 일할 수 있는 더 많은 기회를 얻기 위해 포르투갈어를 공부하고 싶습니다.

대학을 졸업한 이후에는 국제무역 분야에서 변호사로 일할 수 있도록 국제 상법 석사학위 과정을 하고 싶습니다. 우리 대학교에서 우리는 꿈을 이룰 수 있습니다. 그래서 저는 우리 대학이 우리에게 제공하는 모든 이점들을 잘 활용하려고 합니다. 십년 내에 월스트리트나 라틴아메리카의 어느 도시에서 우리 만납시다. 감사합니다.

문법 설명 및 구문 응용

◈ Allí se enseñan más de 40 idiomas.

형용사나 부사의 우등비교에는 más를, 열등비교에는 menos를 사용하고, 비교 대상 앞에는 que를 사용하는 것이 일반적이지만 숫자 앞에서는 de를 사용한다.

주어 + 동사 + más (menos) + 형용사/ 부사 + que

Juan es más alto que Bruno. 후안은 브루노보다 키가 크다.
Busan es menos grande que Seúl. 부산은 서울보다 덜 크다.
Elisa tiene más de doscientos libros.
엘리사는 이백 권 이상의 책을 가지고 있다.

◈ La ventaja de estudiar en mi universidad es que cualquier estudiante puede seguir más de dos carreras a la vez.

명사절을 이끄는 접속사 que절이 보어로 쓰여 "~하는 것"의 의미로 해석된다.

El problema es que no tengo dinero.
문제는 내가 돈이 없다는 것이다.

◈ Tengo mucho interés en el comercio internacional con los países de América Latina.

『tener mucho interés en + 명사/ inf.』은 "~하는데 많은 관심을 가지고 있다."는 의미로 사용된다.

Él tiene mucho interés en trabajar en Corea.
그는 한국에서 일하는 것에 많은 관심을 갖고 있다.
¿Por qué no tienes ningún interés en el estudio?
너는 왜 도무지 공부에 관심이 없니?

◈ Después de terminar [...], quiero hacer un Máster en [...].

después de(~(한) 후에), antes de(~(하기) 전에) 뒤에는 명사나 동사원형이 올 수 있다는 것을 기억해 둘 필요가 있다. 한편, 전치사 뒤에는 que가 이끄는 명사절이 올 수도 있다.

Después de terminar este trabajo, voy a ir a casa.
이 일을 마친 후에 나는 집에 갈 것이다.
Después de que terminé el trabajo, fui a casa.
일을 마친 후에 나는 집에 갔다.

◈ Nos vemos en *Wall Street* o en alguna ciudad de América Latina dentro de diez años.

dentro de는 시간이나 장소 앞에서 "~안에", "~의 범주 내에"라는 의미로 쓰인다. 시간의 경우에는 우리말로는 "~이내에"로 해석된다.

Voy a devolvértelo dentro de un mes.
나는 네게 그것을 한 달 이내에 돌려줄 것이다.

Lección 16 Las banderas nacionales de Corea y México

1. Corea

La bandera nacional de Corea, llamada Taegeukgi, fue creada aproximadamente en el año 1882. La fecha exacta y el nombre de su creador son inciertos.

El significado de la bandera se basa en la filosofía oriental de la dualidad Yin-Yang. El fondo blanco simboliza la paz. En el centro se encuentra un círculo rojo y azul, el Taegeuk, que representa el origen de todas las cosas en el universo. En la filosofía oriental el Taegeuk es el "gran absoluto", compuesto por el aspecto positivo o yang (rojo) y el aspecto negativo o yin (azul), ambos en perfecto equilibrio. Estos se encuentran en perpetuo movimiento, fusionados en una sola entidad.

A su alrededor hay cuatro signos llamados 'Gwae'. El superior izquierdo es 'Geon' y significa cielo. El inferior izquierdo es 'Yi', que significa fuego. El superior derecho es 'Gam' y significa agua. Y por último, el inferior derecho es 'Gon' y significa tierra.

2. México

La bandera nacional de México consiste en un rectángulo dividido en tres franjas verticales: verde, blanca y roja. Anteriormente estos colores significaban la esperanza (verde), la unidad (blanca) y la sangre de los héroes nacionales (roja), pero en la actualidad no tienen un simbolismo oficial.

El escudo está basado en la leyenda azteca sobre la fundación de la Ciudad de México (Tenochtitlán). Según la leyenda, los aztecas deambularon por cientos de años en el territorio mexicano buscando la señal indicada por sus dioses para fundar su nueva ciudad. Dicha señal era un águila que estaba devorando una serpiente parada sobre un nopal. Luego de unos siglos de búsqueda, los aztecas encontraron la señal en una pequeña isla en el Lago de Texcoco y allí fundaron la Ciudad de México.

La bandera actual fue oficialmente adoptada en 1968, pero el diseño general ha sido usado desde 1821.

제 16 과 한국과 멕시코의 국기

1. 한국

태극기라 불리는 한국의 국기는 1882년경에 만들어졌습니다. 날짜와 만든 이는 명확하지 않습니다.

국기의 의미는 동양철학의 음-양 이원론에 기초하고 있습니다. 흰 바탕은 평화를 상징합니다. 중앙에 태극이라는 푸른색과 붉은색의 원이 있는데, 이는 우주 만물의 기원을 나타냅니다. 동양 철학에서 태극은 긍정적인 측면 곧 (붉은 색의) 양과 부정적인 측면 곧 (푸른색의) 음으로 구성되어 있으며 양자가 완벽한 조화 상태에 있는 절대궁극입니다. 이 둘은 무한의 움직임 속에서 서로 융합되어 단일체를 형성합니다.

그 주위로 '괘'라 불리는 4개의 문양이 있습니다. 왼쪽 상단의 것은 '건'이며 하늘을 의미합니다. 왼쪽 하단의 것은 '이'로써 불을 의미합니다. 오른쪽 상단의 것은 '감'으로써 물을 의미합니다. 마지막으로 오른쪽 하단의 것은 '곤'으로써 땅을 의미합니다.

2. 멕시코

멕시코의 국기는 직사각형의 녹색, 흰색, 빨간색 3개의 세로 줄무늬로 구성되어 있습니다. 과거에는 이 색깔들이 희망 (녹색), 통합 (흰색), 국민 영웅들의 피 (빨간색)를 상징했으나, 현재에는 공식적인 상징성을 갖지는 않습니다.

문장(紋章)은 멕시코시티(Tenochtitlán)의 건설에 관한 아즈텍 전설에 기초하고 있습니다. 전설에 따르면, 아즈텍 인들은 수백 년 동안 자신들의 새로운 도시를 세우기 위해 신들에 의해 제시된 표식을 찾아 멕시코 땅을 떠돌아 다녔습니다. 그 표식이란 선인장 위에서 뱀을 삼키고 있는 독수리였습니다. 수 세기를 찾아 헤맨 끝에 아즈텍 인들은 텍스코코 호수에 있는 한 작은 섬에서 그 표식을 찾았으며 그 곳에 멕시코시티를 건설했습니다.

현재의 국기는 1968년에 공식적으로 채택되었으나, 대체적인 디자인은 1821년부터 사용되어 오던 것입니다.

문법 설명 및 구문 응용

◈ La bandera nacional de Corea, llamada Taegeukgi, fue creada aproximadamente en el año 1882.

'소위' 혹은 '~라 불리는'이라는 의미로 llamado/a를 쓰는데, 뒤에 오는 '대상' (Taegeukgi)은 목적보어이므로 전치사가 사용되지 않는다. 이 문장은 과거시제로 이루어진 동작수동구문으로 『ser+과거분사』의 유형으로 만들어지며 이 구문에 사용되는 과거분사는 주어의 성과 수에 일치를 보인다.

> El árbol fue talado por el obrero. 그 나무는 일꾼에 의해 벌목되었다.
> La profesora fue respetada por los alumnos.
> 그 여선생님은 학생들에게 존경을 받았다.

◈ Estos se encuentran en perpetuo movimiento, fusionados en una sola entidad.

se encuentran는 대명동사 encontrarse의 용법으로 위치나 상태를 나타내는 동사 estar와 같은 용법으로 사용될 수 있다.

> Juan se encuentra en Madrid. (=Juan está en Madrid.)
> 후안은 마드리드에 있다.
> Juan se encuentra enfermo. (=Juan está enfermo.)
> 후안은 아프다.

◈ pero en la actualidad no tienen un simbolismo oficial.

en la actualidad은 '현재(는)'라는 뜻으로써 hoy en día, ahora 등이 동의어로 쓰인다. 대응되는 개념으로 다음과 같은 것들이 있다.

en el pasado	과거에
antes	전에
en ese momento	그 때
en aquel entonces	그 당시
un día (과거의)	어느 날
en el futuro	미래에
después, luego	후에
algún día	(미래의) 어느 날, 언젠가

◈ La bandera actual fue oficialmente adoptada en 1968, pero el diseño general ha sido usado desde 1821.

fue oficialmente adoptada는 단순과거 시제로 쓰인 수동태인 반면에 ha sido usado는 현재완료 시제로 쓰인 수동태이다. 이처럼 수동태의 시제는 문맥 상황에 따라 다양하게 쓰이며 수동분사는 주어의 성과 수에 일치한다.

◈ 라틴아메리카 국가들의 독립과정

18세기 후반 미국의 독립 (1776), 프랑스 혁명 (1789), 나폴레옹 전쟁 (1808)과 부모가 스페인 출신으로 라틴아메리카에서 출생한 백인지배자 (Criollo)들의 정치, 경제적 불만 등의 영향으로 1810년 멕시코에서 독립운동이 시작되었으며, 1820년경에는 거의 모든 라틴아메리카 국가들이 독립을 쟁취했다. 독립 전쟁 당시 스페인의 통치 지역은 4개의 부왕령, 즉 Nueva España 부왕령 (현재의 México, Guatemala, Honduras, El Salvador, Costa Rica, Nicaragua를 포함), Nueva Granada 부왕령 (Venezuela, Colombia, Ecuador를 포함), Perú 부왕령 (Perú와 Chile를 포함), Río de la Plata 부왕령 (Argentina, Uruguay, Paraguay, Bolivia를 포함)으로 나뉘어 있었다. 멕시코 지역에서는 Hidalgo 신부의 주도로 독립 운동이 시작되었으며, 남미에서는 Simón Bolívar와 San Martín의 주도 하에 독립을 쟁취했다. 이 과정에서 현재의 국가 경계와 명칭이 생기고 국기도 만들어진 것이다.

Lección 17 Las banderas nacionales de España y Argentina

1. España

La bandera de España está formada por tres franjas horizontales: roja, amarilla y roja. La franja amarilla es de doble anchura de las rojas. El actual diseño surgió en 1785 por iniciativa del rey Carlos III.

El escudo tiene los siguientes elementos:

La corona real, que simboliza la monarquía española.

Las dos columnas, que representan las columnas de Hércules.

Según la mitología griega, Hércules se aventuró por España, en donde levantó dos columnas y puso el lema "Non plus ultra" (No más allá) para alertar a los navegantes que no avanzaran más, en el sentido de que allí era el fin del mundo. Luego, el emperador Carlos I incorporó estas columnas a su escudo, quitando del mencionado lema el "Non" (No), para que los españoles navegaran "más allá" del mundo hasta ese entonces conocido.

El escudo está dividido en cuatro partes que representan los cuatro reinos medievales que formaron España: el Reino de Castilla, el Reino de León, la Corona de Aragón y el Reino de Navarra.

Las tres flores de lis en el centro representan la familia Anjou de la Casa de Borbón, la actual dinastía reinante en España.

La figura de la parte inferior es la granada, fruto que representa al Reino de Granada.

2. Argentina

La bandera argentina, creada por Manuel Belgrano en 1812 durante la Guerra de la Independencia, consiste en tres franjas horizontales: celeste, blanca y celeste. El color celeste simboliza la Casa de Borbón, la cual gobernaba España en aquel entonces (y lo hace también en la actualidad). El sol que aparece en el centro de la bandera es de color amarillo oro, con bordes negros. De él salen 32 rayos, 16 rectos y 16 ondulados, colocados de forma alternada. Es el sol inca, conocido también como el “sol de mayo”.

El escudo contiene dos manos estrechadas que significan la hermandad de las provincias de la República Argentina. El gorro simboliza la libertad y la pica vertical sostenida por ambas manos representa el compromiso de las provincias de defender la libertad. El sol naciente simboliza la nueva nación y los laureles representan la victoria en el logro de la independencia. Por último, la cinta en forma de moño representa la nacionalidad argentina que se simboliza con los colores de un cielo diurno.

제 17 과 스페인과 아르헨티나의 국기

1. 스페인

스페인의 국기는 빨강, 노랑, 빨강 세 줄의 가로 줄무늬로 구성되어 있습니다. 노란 줄무늬의 폭은 빨간 줄무늬 폭의 두 배입니다. 현재의 디자인은 1785년 까를로스 3세의 주도로 생겨났습니다.

문장(紋章)은 다음의 요소를 갖고 있습니다:

스페인의 군주제를 상징하는 왕관.

헤라클레스의 기둥을 상징하는 두 기둥.

그리스 신화에 따르면, 헤라클레스는 스페인으로 모험 여행을 했으며, 거기에 두개의 기둥을 세웠고 선원들에게 거기가 세상의 끝이니 더 이상을 나가지 말라고 경고하기 위해서 Non plus ultra (No más allá)라는 문구를 써 놓았습니다. 후에 황제 까를로스 1세가 스페인 인들로 하여금 당시까지 알려진 세상 "저 너머까지" 항해하도록 하기위해 위의 문구에서 Non (No)를 빼고 자신의 문장에 이 기둥들을 포함시켰습니다.

문장은 스페인을 구성한 중세의 네 왕국 즉 까스띠야왕국, 레은왕국, 아라곤왕국과 나바라왕국을 상징하는 네 부분으로 나뉘어 있습니다.

중앙에 있는 붓꽃 세 송이는 현재 스페인을 통치하고 있는 왕조인 부르봉왕가의 앙주 가문을 나타냅니다.

아랫부분의 문양은 그라나다왕국을 상징하는 열매인 석류입니다.

2. 아르헨티나

독립 전쟁 기간 중인 1812년 마누엘 벨그라노에 의해 만들어 진 아르헨티나 국기는 하늘색, 흰색, 하늘색 세 줄의 가로 줄무늬로 구성되어 있습니다. 하늘색은 당시 (와 오늘날에도) 스페인을 다스리고 있던 부르봉 왕조를 상징합니다. 국기 중앙에 있는 태양은 검은 테두리가 쳐진 황금색입니다. 그로부터 32개의 빛이 뻗어나가고 있는데 16개의 직선과 16개의 물결무늬선이 교대로 배치되어 있습니다. 이는 "5월의 태양"이라고도 알려진 잉카의 태양입니다.

문장(紋章)은 마주 잡은 두 손을 담고 있는데, 이는 아르헨티나 공화국 지방들 간의 형제애를 의미합니다. 모자는 자유를 상징하며 양 손으로 지지되는 수직 창은 자유를 수호하자는 지방들의 협약을 나타냅니다. 떠오르는 태양은 새로운 국가를 상징하며 월계수는 독립 쟁취에서의 승리를 나타냅니다. 마지막으로, 리본 모양의 끈은 한낮의 하늘 빛깔로 상징되는 아르헨티나의 국민성을 나타냅니다.

문법 설명 및 구문 응용

◈ [...] puso el lema "Non plus ultra" (No más allá) para alertar a los navegantes que no avanzaran más, [...].

동사 alertar는 "~을 경고하다"는 의미이므로 "~에게 ~을 하라고 (또는 하지 말라고) 경고"하는 내용을 담는 종속절인 que절 내부에 나타나는 동사는 접속법이 사용된다. 주절 동사의 성격이 '경고', '부탁', '명령' 등의 의미일 때 종속절에서 접속법을 써야하는 이유는 주절의 주어는 단지 종속절의 주어에게 "~을 하라고" 또는 "~을 하지 말라고" '경고', '부탁', '명령'만 하는 것일 뿐 그 실행 여부에 대해서는 확신을 갖지 못하기 때문이다. 위 문장에서는 주절의 동사 puso의 시제가 과거이므로 이에 따른 문맥상 alertar 동사의 종속절내부의 동사는 접속법 과거가 사용된다.

Ella les advierte que no hablen alto en la biblioteca.
(종속절 동사: 접속법 현재)
그녀는 그들에게 도서관에서 큰소리로 말하지 말라고 경고한다.
Le pedimos que aclarara todas las sospechas.
(종속절 동사: 접속법 과거)
우리는 그에게 모든 혐의들을 해명하라고 요구했다.
El capitán les mandó a los navegantes que no avanzaran más.
(종속절 동사: 접속법 과거)
선장은 선원들에게 더 이상 전진하지 말라고 명령했다.

◈ Luego, el emperador Carlos I incorporó estas columnas a su escudo, quitando del mencionado lema el "Non" (No), para que los españoles navegaran "más allá" del mundo hasta ese entonces conocido.

para que 구문은 종속절의 주어가 "~하도록"이라는 의미를 나타내는 접속사이며 이 접속사의 내부에 사용되는 동사는 반드시 접속법이 사용된다.

para que가 이끄는 절에서는 어떠한 행위를 하고자 하는 주체가 주절의 주어와 동일하게 사용될 수 없다. 위 문장은 주절의 시제가 과거로 되어있으므로 주절과의 시제와 문맥에 따라 navegar 동사의 접속법 과거인 navegaran가 사용된다.

Le di un cartel a él para que lo pegara en la pared.
나는 그에게 벽에 붙이도록 포스터를 하나 주었다.
Compré un mapa de Europa para colgar en mi cuarto.
나는 방에 걸기 위해 유럽 지도를 하나 샀다.
cf. Compré un mapa de Europa para que yo colgara en mi cuarto. (x)

참고 자료

◈ 이슬람 치하의 스페인과 중세 왕국들

711년 이미 북아프리카를 정복한 이슬람교도들은 Gibraltar 해협을 건너 이베리아 반도를 침입한다. 로마 제국 멸망 후 당시까지 이베리아 반도를 지배하고 있던 서고트 왕국은 내분으로 인해 쉽게 멸망하고 일부 귀족들만이 북부 산악지대로 피신해 Don Pelayo를 중심으로 Asturias왕국을 건설한다. 이후 이슬람교도들은 1492년까지 약 8세기에 걸쳐 이베리아 반도를 지배하게 된다.

이슬람교도들의 통치는 755년 변화의 전기를 맞는다. Damasco의 Omeya 가문이 바그다드의 Abas 가문에게 칼리프 지위를 빼앗기자, Omeya 가문의 한 일파가 Córdoba로 피신해 와 독립왕국을 건설한 것이다. 이것이 바로 세계사에서 언급되는 '후기옴미아드왕조'로써, 독자적으로 발전해 가며 중세 유럽에서 가장 화려한 예술과 학문을 꽃피운다. 당시 Córdoba는 지중해 서부의 최대 교역 도시였으며, 중세 최대의 이슬람교 사원인 Córdoba 대사원(Mezquita)이 건설된 것도 이 때이다 (784~786년). 급기야 929년에 이르러서는 Bagdad과 대등하게 칼리프라 칭하기에 이른다. 이러한 전성기는 11세기 초반까지 지속된다. 그러나 1031년 왕국은 왕권의 약화와 지방 귀족들의 득세로 수십 개의 소왕국으로 분할된다.

이 틈을 타 북부 산악 지대에서 남하의 기회를 노리고 있던 기독고도들이 서서히 '재정복운동(Reconquista)'을 전개하기 시작한다. 처음 세워진 Asturias 왕국이 남하해 León왕국으로 발전해 나갔으며, 더 나아가 남동부에 Castilla 백작령을 설치한다. 피레네 산간의 Navarra왕국 또한 재정복운동에 참여해 남쪽으로 Aragón 백작령을 설치한다. 이 후 10세기 후반 이 두 백작령은 각각 왕국으로 발전해 재정복운동을 주도하게 된다. 13세기 중반에 이르러서는 Castilla왕국이 Granada 이외의 모든 지역을 재정복한다. 이슬람고도들의 Granada 왕국은 위세는 많이 줄었으나 1492년 Castilla 왕국의 Isabel 여왕과 Aragón 왕국의 Fernando 왕 부부에 의해 멸망당할 때까지 화려한 이슬람 문화를 꽃 피운다. 그 대표적인 예가 현재까지도 웅장함과 아름다움을 자랑하는 Alhambra 궁전을 세운 것이다. 비록 1492년 Granada 왕국의 멸망으로 이베리아 반도에서 이슬람교도들의 통치는 막을 내렸으나, 그들이 약 8세기에 걸쳐 남긴 언어, 문화적인 영향은 아직도 스페인 곳곳이 많이 남아 있다. 이러한 이유로 현 스페인의 근간이 된 중세의 네 기독교 왕국 (León, Castilla, Navarra, Aragón)과 이슬람교도들의 Granada 왕국이 국기에 남아 있는 것이다.

◈ 스페인 왕위 계승 전쟁 (합스부르크 대 부르봉)

Castilla의 Isabel 여왕과 Aragón의 Fernando 왕의 뒤를 이어 통일된 스페인의 왕에 오른 이는 그들의 외손자인 Carlos I세이다 (합스부르크 왕가 계보로는 Carlos V). 친 조부모로부터는 신성로마제국과 플랑드르 지방을, 외조부모로부터는 스페인과 라틴아메리카 대륙을 물려받은 그는 유럽 최대 제국의 황제가 되며, 스페인은 서서히 역사상 최대 전성기를 향해 나아간다. 스페인의 전성기는 그의 아들인 Felipe II (1556～1598) 때로써, 당시의 위세는 '해 가지지 않는 나라'와 '무적함대'라는 말로 상징된다.

그러나 1700년에 이르러 Carlos II세가 후사 없이 죽자 신성로마제국의 합스부르크 왕가와 프랑스의 부르봉 왕가 간에 스페인 왕위를 놓고 전쟁이 벌어진다. 이것이 이른바 '스페인 왕위계승전쟁'이다. 10여년에 걸친 전쟁 끝에 영국의 지원을 받은 부르봉 왕가가 승리함으로써 스페인의 왕조는 합스부르크에서 부르봉으로 바뀌게 된다. 현 왕가 역시 이들의 후손이다. 영국은 이 전쟁을 중재한 대가로 Gibraltar를 할양받았으며 현재까지도 점유하고 있다.

◈ Manuel Belgrano (Buenos Aires, 1770~1820).

스페인과의 독립 전쟁 당시 변호사, 정치가, 군인 등으로 활약했으며, 아르헨티나 국기를 만든 인물이다.

스페인, 멕시코, 아르헨티나의 행정구역과 형용사

◈ 스페인

· [17개 자치주(Comunidades Autónomas)]
Madrid ‖ madrileño,-a
Castilla ‖ castellano,-a
Castilla y León ‖ leonés,-sa
Castilla la Mancha ‖ manchego.-a
Andalucía ‖ andaluz,-za
Aragón ‖ aragonés,-sa
Asturias ‖ asturiano,-a
Cantabria ‖ cántabro,-a
Cataluña ‖ catalán,-na
Extremadura ‖ extremeño,-a
Galicia ‖ gallego,-a
Islas Baleares ‖ balear,-ra
Islas Canarias ‖ canario,-a
La Rioja ‖ riojano,-a
Murcia ‖ murciano,-a
Navarra ‖ navarro,-a
País Vasco ‖ vasco,-a
Valencia ‖ valenciano,-a

· [2개 자치시(ciudades autónomas)]
Ceuta ‖ ceutí
Melilla ‖ melillense

◈ 멕시코

· [1개 특별시(Distrito Federal)]
Ciudad de México ‖ capitalino,-a 또는 chilango,-a

· [31개 주(estados)]
Aguascalientes ‖ aguascalentense, hidrocálido,-a
Baja California Sur ‖ sudcaliforniano,-a
Baja California ‖ bajacaliforniano,-a
Campeche ‖ campechano,-a
Chiapas ‖ chiapaneco,-a
Chihuahua ‖ chihuahuense
Coahuila ‖ coahuilense
Colima ‖ colimense
Durango ‖ duranguense
Estado de México ‖ mexiquense
Guanajuato ‖ guanajuatense
Guerrero ‖ guerrerense
Hidalgo ‖ hidalguense
Jalisco ‖ jalisciense
Michoacán ‖ michoacano,-a
Morelos ‖ morelense
Nayarit ‖ nayarita
Nuevo León ‖ neoleonés,-sa
Oaxaca ‖ oaxaqueño,-a
Puebla ‖ poblano
Querétaro ‖ queretano,-a
Quintana Roo ‖ quintanarroense
San Luis Potosí ‖ potosino,-a
Sinaloa ‖ sinaloense
Sonora ‖ sonorense
Tabasco ‖ tabasqueño,-a
Tamaulipas ‖ tamaulipeco,-a
Tlaxcala ‖ tlaxcalteca
Veracruz ‖ veracruzano,-a
Yucatán ‖ yucateco,-a
Zacatecas ‖ zacatecano,-a

◈ 아르헨티나

· [1개 특별시(Distrito Federal)]
Buenos Aires ‖ porteño,-a (o bonaerense)

· [22개 주(provincias)]
Buenos Aires ‖ porteño,-a (o bonaerense)
Catamarca ‖ catamarqueño,-a
Córdoba ‖ cordobés,-sa
Corrientes ‖ correntino,-a
Chaco ‖ chaqueño,-a
Chubut ‖ chubutense
Entre Ríos ‖ entrerriano,-a
Formosa ‖ formoseño,-a
Jujuy ‖ jujeño,-a
La Pampa ‖ pampeano,-a
La Rioja ‖ riojano,-a
Mendoza ‖ mendocino,-a
Misiones ‖ misionero,-a
Neuquén ‖ neuquino,-a
Río Negro ‖ rionegrino,-a
Salta ‖ salteño,-a
San Juan ‖ sanjuanino,-a
San Luis ‖ sanluiseño,-a
Santa Cruz ‖ santacruceño,-a
Santa Fe ‖ santafesino,-a
Santiago del Estero ‖ santiagueño,-a
Tucumán ‖ tucumano,-a

· [1개 특별지역(territorio)]
Tierra del Fuego ‖ fueguino,-a

Lección 18 Corea: geografía, comidas y deportes (Primera parte)

Corea está situada en el noreste de Asia. Limita al norte con China y Rusia y está separada de Japón por el Mar del Este. Corea es una península como España e Italia. Posee una historia de más de 5.000 años. La capital del país es Seúl.

Las comidas principales de Corea son arroz y kimchi. Además, comemos también carne, pescado, mariscos y vegetales. A diferencia del mundo occidental, nosotros servimos todos los platos en la mesa al mismo tiempo. De esta manera compartimos los platos reforzando la fraternidad entre familiares y amigos.

El deporte más popular de Corea es el fútbol como en España y los países de América Latina. En la Copa Mundial de Fútbol de 2002 fuimos uno de los cuatro mejores del mundo. El béisbol también tiene bastante popularidad. En las Olimpíadas de Beijing de 2008 ganamos la medalla de oro y en el Clásico Mundial de Béisbol de 2009 logramos el segundo puesto. *Taekwondo* también es muy popular en Corea. Es un arte marcial internacional. Estos días mucha gente lo practica en todo el mundo para mantenerse en forma y para poder autodefenderse. Aparte de todo esto, algo muy popular entre los jóvenes son los juegos de internet. Ya que todos tienen su propio ordenador y el internet está muy desarrollado, los muchachos pasan mucho tiempo conectados a la red. Los padres están preocupados por ello. Pero los jóvenes, a su vez, piensan en su futuro y se esfuerzan mucho por ver sus deseos realizados.

제 18 과 한국: 지리, 음식, 스포츠 (제1부)

한국은 동북아시아에 위치해 있습니다. 북쪽으로 중국, 러시아와 국경을 맞대고 있으며 일본과는 동해로 분리되어 있습니다. 한국은 스페인, 이탈리아와 같은 반도입니다. 5000년이 넘는 역사를 지니고 있습니다. 수도는 서울입니다.

한국의 주식은 밥과 김치입니다. 또한, 고기, 생선, 해산물, 야채 등도 먹습니다. 서양과는 달리 우리는 모든 요리를 한꺼번에 식탁위에 차려 놓고 먹습니다. 이런 식으로 음식들을 나누어 먹음으로써 가족과 친구들 간에 우애를 다집니다.

한국에서 가장 인기 있는 스포츠는 스페인이나 라틴아메리카 국가들과 마찬가지로 축구입니다. 우리나라는 2002년 월드컵에서 세계 4강에 들었습니다. 야구도 매우 인기가 높습니다. 2008년 베이징 올림픽에서는 금메달을 땄으며 2009년 월드 클래식 베이스볼에서는 2위를 차지했습니다. 태권도 또한 한국에서 매우 인기가 높습니다. 태권도는 국제적인 무예입니다. 오늘날 전 세계에서 많은 사람들이 건강을 유지하고 자신을 보호할 수 있기 위해 태권도를 수련하고 있습니다. 이 모든 것들 말고도, 젊은이들 사이에서 매우 인기 있는 것은 온라인 게임들입니다. 모두들 자신의 컴퓨터를 가지고 있고 인터넷이 매우 발달해 있기 때문에, 젊은이들은 온라인에 접속해 많은 시간을 보냅니다. 부모님들은 그것 때문에 걱정하십니다. 그러나 젊은이들은, 나름대로, 자신들의 미래를 생각하고 자신들의 소망을 이루기 위해 많은 노력을 하고 있습니다.

문법 설명 및 구문 응용

◈ Corea está situada en el noreste de Asia.

『estar situado/a en ~』은 "~에 위치해 있다"는 의미를 나타내는 표현이다. 스페인어에는 수동태 구문들 중 『ser + 과거분사』형의 경우 '동작수동'을 나타내고, 『estar + 과거분사』형의 경우는 '상태수동'을 나타낸다. 두 유형의 구문 모두에서 과거분사는 해당 명사, 즉 주어와 성·수의 일치를 보여준다. 국명이나 지명은 형태에 따라 성이 결정된다. 즉, Corea의 경우에는 -a로 끝나므로 여성으로 간주한다. 아래의 문장들을 비교해 보자.

La puerta es abierta por Juan. 문은 후안에 의해 열린다.
La puerta está abierta. 문은 열려있다.
La ciudad capital, Madrid, está situada en el centro de la Península Ibérica. 수도 마드리드는 이베리아 반도의 중앙에 위치해 있다.

'방위'를 나타내는 표현들로는 다음과 같은 것들이 있다.

el este	동	el oeste	서
el sur	남	el norte	북
noreste	북동	noroeste	북서
sureste	남동	suroeste	남서

※ 북동은 nordeste, 남동은 sudeste, 남서는 sudoeste로도 표기되지만 북서는 nordoeste라고 표기하는 경우는 드물다.

◈ Los padres están preocupados por ello.

ello는 중성대명사로 "그것", "저것", "그 일" 등의 의미로 쓰인다. 여기에서는 앞 문장의 내용을 가리켜 "그 일 때문에, 그 일로 인해"의 의미가 된다. 중성대명사 ello는 동사의 목적어로는 사용되지 못하고 '앞 문장 전체를 받는 주어'나 '전치사의 목적어'로만 사용된다.

Pedro ha comprado un paquete de pañales. Ello significa que él tiene bebé.
빼드로는 기저귀 한 박스를 샀다. 그것은 그가 아기가 있다는 것을 의미한다.
No quiero hablar de ello.
나는 그것에 대해 말하고 싶지 않다.

◈ Pero los jóvenes, a su vez, piensan en su futuro y se esfuerzan mucho por ver sus deseos realizados.

pensar(~을 생각하다)가 목적어로 절을 이끌면 접속사 que가 사용되지만, 목적어가 절이 아닌 경우에는 전치사 en을 동반한다.

Pienso que ya es tarde. 나는 이미 늦었다고 생각한다.
¿Piensas en mí? 너 나를 생각하니?

esforzar는 타동사로 "용기를 불어넣다", "힘을 돋우다"라는 의미이지만, 재귀동사인 esforzarse 형태로 쓸 경우 "(주어가) ~하려고 노력하다/애쓰다"라는 뜻으로 쓰인다. 이 경우에는 본문에서처럼 전치사 por나 para가 동반된다.

a su vez는 원래 "자기 순서에(는)"이란 의미로 쓰이지만 위 문장에서는 "나름대로"라는 의미로 사용되고 있다.

Lección 19 Corea: clima y lengua (Segunda parte)

Corea tiene cuatro estaciones al igual que España. Cada estación dura unos tres meses. La primavera empieza en marzo. El verano es muy cálido y húmedo, y el invierno es bastante frío y nieva mucho. Sin embargo, los cambios climáticos del mundo afectan también a la Península Coreana. Ahora, las primaveras y los otoños son más cortos, los veranos son más lluviosos y los inviernos tienen menos nieve. Los daños causados por los cambios climáticos son más graves cada año. En verano se producen más tifones y lluvias intensas. En invierno la temperatura sube cada vez más, por eso no hace tanto frío como antes.

En Corea se habla coreano y tenemos nuestro propio alfabeto llamado *Hangul*. Gracias a ello podemos mantener una fuerte identidad nacional.

El alfabeto coreano consta de 10 vocales y 24 consonantes. Fue inventado por el Gran Rey Sejong en el siglo XV. Las letras pueden combinarse para formar diversos grupos silábicos. *Hangul* es fácil de aprender y de escribir. Por esa razón, la tasa de alfabetismo es muy alta en Corea. Como todos los países, Corea también tiene varios dialectos. A pesar de ello, todos son muy parecidos. Solo hay un lugar donde el dialecto es muy particular, la Isla de Jeju, situada al sur del país. No podemos entender bien muchas de las palabras de la isla porque creo que ha estado aislada del país por mucho tiempo. Pero en Corea existe solo un idioma, el coreano.

제 19 과 한국: 기후와 언어 (제2부)

한국은 스페인과 마찬가지로 사계절을 가지고 있습니다. 각 계절은 약 3개월씩 지속됩니다. 봄은 3월에 시작됩니다. 여름은 무덥고 습하며, 겨울은 매우 춥고 눈이 많이 옵니다. 하지만 세계적인 기후 변화가 한반도에도 영향을 미치고 있습니다. 그래서 봄과 가을은 더 짧고 여름에는 비가 더 많이 오며 겨울에는 눈이 더 적게 내립니다. 기후 변화로 인한 피해는 매년 더욱 심각해지고 있습니다. 여름에는 더 많은 태풍과 집중호우가 발생합니다. 겨울에는 기온이 점점 더 상승해 예전처럼 그다지 춥지 않습니다.

한국에서는 한국어를 사용하며 우리는 한글이라고 불리는 우리 고유의 문자를 갖고 있습니다. 그 덕분에 우리는 강력한 국가 정체성을 유지할 수 있습니다.

한국의 철자는 10개의 모음과 24개의 자음으로 이루어져 있습니다. 15세기에 세종대왕에 의해 창제되었습니다. 철자들은 결합되어 다양한 음절을 구성합니다. 한글은 배우고 쓰기 쉽습니다. 그러므로 한국에는 문자 해독률이 아주 높습니다. 모든 나라들과 마찬가지로 한국도 역시 여러 사투리를 가지고 있습니다. 그러나 모두 매우 유사합니다. 사투리가 아주 특이한 곳이 한 군데 있습니다. 남쪽에 위치해 있는 제주도입니다. 우리는 그곳의 많은 단어들을 이해하지 못합니다. 오랜 시간동안 육지로부터 고립되어 있었기 때문이라고 생각합니다. 하지만 한국에는 한국어라는 하나의 언어만이 존재합니다.

문법 설명 및 구문 응용

◈ El verano es muy cálido y húmedo, y el invierno es bastante frío y nieva mucho.

날씨나 기온 표현에서 "뜨거운"이라는 의미의 형용사로는 본문에서처럼 cálido나 동의어인 caluroso가 쓰인다. 같은 의미로 caliente라는 형용사도 있지만 이는 주로 상황이나 사물의 상태 표현에 쓰인다.

El viento es caluroso. 바람이 뜨겁다.
La olla está caliente. 냄비가 뜨겁다.

frío는 명사(추위)와 형용사(추운, 차가운)로 모두 쓰인다.

대부분의 날씨 표현에는 동사 hacer를 사용하며, 개인적인 '추위'나 '더위' 여부는 tener 동사로 표현한다.

Hace frío. 날씨가 춥다.
Hace calor. 날씨가 덥다.
Hace sol. 해가 나다.
Hace viento. 바람이 분다.
Hace fresco. 시원하다.
Hace buen/ mal tiempo. 날씨가 좋다/ 나쁘다.

¿No tienes frío? 너 춥지 않니?
Tengo calor. 나는 덥다.

"비가 오다"와 "눈이 오다"의 표현은 비인칭으로 표현되므로 각각 동사 llover와 nevar의 3인칭 단수형을 사용한다.

¿Por qué llueve tanto este año?
올해에는 왜 이렇게 비가 많이 오는 거지?
Este año ha nevado mucho. 올해는 눈이 많이 왔다.

◈ Los daños causados por los cambios climáticos son más graves cada año.

Los daños causados por ~는 "~에 의해 야기된 피해들"의 의미를 나타내는 구문으로 여기서 사용된 분사 causados는 남성복수명사 daños와 성과 수의 일치를 이루고 있다. 위 문장은 cada año, 즉 "매년"이라는 표현으로 인해 동사 ser가 "~이 되다"의 의미로 해석이 가능해진다. 부사와의 호응으로 이루어진 이러한 ser동사의 용법 외에도 "～해지다", "～하게 되다"라는 의미의 표현으로 『ponerse + 형용사』의 구문을 사용할 수 있다.

Cuando habla con Juan, Marisa siempre se pone roja.
마리사는 후안과 말을 할 때면 언제나 얼굴이 빨개진다.
La situación económica del mundo se pone cada día más grave.
세계경제는 날이 갈수록 심각해지고 있다.

◈ Gracias a ello podemos mantener una fuerte identidad nacional.

gracias a는 "～덕분에"라는 의미를 갖는다. 비슷한 의미지만 debido a는 "～때문에, ～을 이유로"라는 뜻이다.

Gracias a tu ayuda, puedo viajar a España.
너의 도움 덕택에 나는 스페인으로 여행갈 수 있다.
Debido al mal tiempo, no podemos ir a la excursión.
궂은 날씨 때문에 우리는 소풍을 갈 수가 없다.

◈ Las letras pueden combinarse para formar diversos grupos silábicos.

본문에서 사용된 se는 수동구문을 형성하고자 사용된 요소이다. 이 문장에서 주어는 las letras이며, "(10개의 모음과 24개의 자음인) 철자들이 결합될 수 있다"는 뜻으로 해석된다.

◈ la isla Jeju, situada al sur del país.

위 표현은 'la isla Jeju, que está situada al sur del país'와 같은 표현에서 관계대명사 que와 동사 estar가 생략된 표현이다. está al sur del país의 경우는 제주도처럼 한반도의 내부가 아닌 남쪽에 위치하는 경우를 표현하는 것이다. 따라서 부산처럼 한반도 내부의 남쪽에 위치하는 경우는 Busan está en el sur de la Península Coreana라고 표현하고 제주도의 경우는 La isla Jeju está al sur de la Península Coreana라고 표현한다.

Madrid está situada en el centro de España.
마드리드는 스페인 중앙에 위치해 있다.

◈ porque creo que ha estado aislada del país [...].

상태수동구문이 현재완료의 시제로 이루어진 구문이다. 이를 도식으로 정리하면 다음과 같이 나타낼 수 있다.

haber의 현재형 (ha) + 과거분사 (sido)	= 현재완료
estar의 현재형 (está) + 과거분사 (aislada)	= 상태수동
haber의 현재형 (ha) + estar의 과거분사 (estado) + 과거분사 (aislada)	= 현재완료 상태수동

즉, "고립되다"라는 수동구문이 현재완료의 시제로 표현되어 "고립되어 있었다"라는 문장이 만들어지게 된 것이다

Poema

El amor eterno

Gustavo Adolfo Bécquer

Podrá nublarse el sol eternamente;
Podrá secarse en un instante el mar;
Podrá romperse el eje de la tierra
Como un débil cristal.
¡Todo sucederá! Podrá la muerte
Cubrirme con su fúnebre crespón;
Pero jamás en mí podrá apagarse
La llama de tu amor.

Lección 20 La corrida de toros de España y la pelea de toros de Corea

La corrida de toros es una de las fiestas más tradicionales de España. Muchas personas aplauden al torero por su valentía y por sus técnicas de toreo al enfrentarse con el toro.

En Corea también hay una fiesta vaqueriza, la pelea de toros. Pero, a diferencia de la corrida de toros de España, aquí se pelean dos toros en la arena. En varias ciudades se celebran estas competiciones, pero la más famosa entre todas es la de Chungdo. Al empezar la pelea, los toros se cornean o se empujan con toda su fuerza. Si uno se escapa, termina la pelea. Entonces el dueño del bovino ganador grita de alegría y aplaude a su toro, pero el del vencido no tiene otra opción que esperar un año más. El ganador del torneo gana un gran honor y experimenta una drástica subida de precio. Vale más de diez veces que los toros ordinarios. Por lo tanto los dueños entrenan a sus toros suministrándoles las mejores comidas.

En la corrida de toros de España se aplaude al torero al matar al toro. Pero en Corea el que se luce al ganar es el toro y comparte el botín con el dueño. Al campeón se le garantiza toda la comodidad durante el resto de su vida, porque sus descendientes también pueden ser mejores luchadores.

En Corea el toro o la vaca ha sido tanto una gran riqueza como un medio de producción muy importante porque éramos un país agrícola. Por eso los toros de mejor calidad eran imprescindibles. Esta pelea de toros se celebra tanto para divertirse como para mejorar la calidad de los toros por medio de la competición.

제 20 과 스페인의 투우와 한국의 소싸움

투우는 스페인의 가장 전통적인 축제 중의 하나입니다. 많은 사람들이 투우사가 황소와 맞설 때 보이는 용감함과 투우 기술에 갈채를 보냅니다.

한국에도 '소싸움'이라는 소 축제가 있습니다. 그러나 스페인의 투우와는 달리, 여기서는 경기장에서 두 마리의 소가 서로 싸웁니다. 여러 도시들에서 이런 경기가 열리지만, 가장 유명한 것은 청도의 경기입니다. 싸움이 시작되면 황소들은 온 힘을 다해 서로 뿔로 찌르고 밉니다. 한 마리가 도망치면, 싸움이 끝납니다. 그러면 이긴 소의 주인은 기뻐서 환호하고 자신의 황소에 갈채를 보내지만, 패한 소의 주인은 한 해를 더 기다리는 수밖에 없습니다. 토너먼트 우승 소는 큰 명예를 얻고 엄청난 가격 상승을 경험하게 됩니다. 보통의 황소들보다 열배 이상 가격이 나갑니다. 따라서 주인들은 최고의 먹이를 제공하며 자신들의 황소를 훈련시킵니다.

스페인 투우에서는 황소를 죽일 때 투우사가 갈채를 받습니다. 그러나 한국에서는 승리했을 때 빛나는 것은 황소이며, 전리품을 주인과 나누어 갖습니다. 챔피언에게는 남은 삶 동안 모든 편의가 보장됩니다. 왜냐하면 그의 자손들 또한 최고의 싸움소들이 될 수 있기 때문입니다.

한국은 농업 국가였으므로 황소나 암소는 큰 재산이었을 뿐만 아니라 매우 중요한 생산 수단이기도 했습니다. 따라서 최고 품질의 황소들이 반드시 필요했습니다. 이 소싸움은 즐기기 위해서 뿐만 아니라 경기를 통해서 소의 품종을 개량하기 위해 열리는 것입니다.

문법 설명 및 구문 응용

◈ Muchas personas aplauden al torero por su valentía y por sus técnicas de toreo al enfrentarse con el toro.

일반적으로 『al + inf.』라는 구문은 "~할 때"라는 의미를 표현할 때 사용하는 구문이다.

> Al pasear por el parque la he visto hablar con los guardias.
> 나는 공원을 산책할 때 그녀가 경비원들과 얘기하는 것을 보았다.

주절의 주어(muchas personas)와 종속절의 주어(torero)가 다른 경우 접속사 cuando를 사용하여 cuando se enfrenta con el toro와 같이 부사절을 만들기도 하지만 본문의 al enfrentarse con el toro처럼 접속사를 사용하지 않고도 "~할 때"라는 의미의 표현이 가능하다. 한편, 본문의 문장 Al empezar la pelea, los toros se cornean o se empujan con toda su fuerza.의 경우 empezar가 자동사이므로 la pelea는 주어로 기능하며 Cuando empieza la pelea라는 형식의 부사절로 바꾸어 쓸 수도 있다.

◈ [...] aquí se pelean dos toros en la arena.

"소가 서로 싸우다"라는 상호의 의미를 나타내는 구문이다. 여기서는 "싸우다"라는 의미의 동사인 pelear가 상호의 대명사 se와 함께 사용됨으로써 복수의 주어인 dos toros가 서로 싸운다는 의미를 표현한다. 한편 본문에 사용된 다음 두 문장의 se는 모두 수동구문을 형성하는 요소이다.

Al campeón se le garantiza toda la comodidad durante el resto de su vida, [...]

Esta pelea de toros se celebra tanto para divertirse como para mejorar la calidad de los toros [...].

◈ pero el del vencido no tiene otra opción que esperar un año más.

『no tener otra opción que ~』는 "~하는 것 이외에는 다른 선택의 여지가 없다"라는 의미를 표현하는 용법이다.

No tengo otra opción que quedarme aquí.
나는 여기에 머무를 수밖에 없다.

◈ En Corea el toro o la vaca ha sido tanto una riqueza como un medio de producción muy importante [...].

위 문장에서 사용된 『tanto A como B』와 같은 유형은 "A뿐만 아니라 B도"와 같은 의미를 표현할 때 사용된다.

Tenemos clases tanto el jueves como el viernes.
우리는 목요일뿐만 아니라 금요일에도 수업이 있다.
Tanto Juan como Pedro compran refrescos en la calle.
후안뿐만 아니라 뻬드로도 길에서 음료수를 산다.

그러나 『tanto A como B』는 동등비교구문을 형성하는 요소로 사용되기도 한다.

Tengo tantas muñecas como tú en mi casa.
나는 집에 너만큼 인형을 많이 갖고 있어.
No tengo tanto dinero como tú.
나는 너만큼 돈이 없다.
Esta universidad no tiene tantos departamentos como la Universidad Hankuk de Estudios Extranjeros.
이 대학은 한국외국어대학교만큼 학과들이 많지 않다.

Lección 21 El mito de la fundación de Corea

En el cielo vivía el rey Hwanin, que tenía un hijo que se llamaba Hwanung. Este siempre sentía mucho interés por el mundo de los hombres y quería gobernarlo. El padre se dio cuenta del deseo de su hijo y comenzó a buscar un lugar adecuado. Por fin encontró en la Península Coreana el lugar apropiado para que su hijo pudiera hacer realidad su sueño. Así que le permitió bajar al mundo de los hombres, dándole tres talismanes del cielo: viento, lluvia, nube.

Hwanung bajó al monte Taebaek con un séquito de tres mil personas. Allí fundó 'Sinsi', que significa la Ciudad Sagrada. Con los dioses del viento, de la lluvia y de la nube, Hwanung controló la cosecha, la vida y la muerte, la enfermedad, el castigo, y el bien y el mal en el mundo de los hombres.

Un día una osa y una tigresa le pidieron que las convirtiera en seres humanos. Hwanung les dio un manojo de ajenjo y otro de ajo, y les dijo:

- *Si aguantáis cien días comiendo solo estos alimentos, os convertiréis en seres humanos.*

La osa y la tigresa se sometieron a la prueba en el interior de una cueva. La tigresa no aguantó y se escapó antes del plazo previsto. La osa, en cambio, pasó los cien días en la cueva y salió convertida en mujer. Con el tiempo la mujer osa se sintió sola y rezó al cielo para que le diera una pareja con quien casarse. Entonces Hwanung se casó con ella. Ella dio a luz a un hijo, Dangun, que fundó el reino de Chosun hace más de 5.000 años. Por esta razón, los coreanos consideramos a Dangun como el primer monarca del país y al oso como un animal sagrado.

제 21 과 한국의 건국 신화

옛날 하늘나라에 환인이라 불리는 왕이 살고 있었는데 그에게는 환웅이라는 아들이 있었습니다. 이 아들은 늘 인간들의 세상에 큰 관심을 갖고 있었으며 그곳을 다스려보고 싶어 했습니다. 아버지는 아들의 소원을 깨닫고는 적절한 장소를 물색하기 시작했습니다. 마침내 한반도에서 그의 아들이 꿈을 이루기에 적합한 장소를 발견했습니다. 그래서 그는 아들에게 '바람, 비, 구름'이라는 하늘의 부적 세 개를 주면서 인간 세상에 내려가는 것을 허락했습니다.

환웅은 3천명의 신하들을 거느리고 태백산에 내려왔습니다. 그 곳에 '신시'를 세웠는데, 이는 '신성한 도시'라는 뜻입니다. 환웅은 바람, 비, 구름의 신을 거느리고 인간들의 세상에서 추수, 생사, 질병, 형벌, 선과 악을 주재했습니다.

어느 날, 암 곰 한 마리와 암 호랑이 한 마리가 자신들을 인간으로 만들어 달라고 청했습니다. 환웅은 그녀들에게 쑥과 마늘 한 줌씩을 주고는 말했습니다:

"너희들이 100일 동안 이것만 먹고 버틴다면 인간이 될 것이다."

곰과 호랑이는 동굴 속에서 시험에 들어갔습니다. 호랑이는 참지 못하고 정해진 기간 전에 도망을 쳤습니다. 반면에, 곰은 동굴 속에서 100일을 견디어 여자로 변신해 나왔습니다. 시간이 지나자 곰에서 변한 여인은 외로움을 느껴 결혼할 짝을 내려달라고 하늘에 기도했습니다. 그러자 환웅은 그녀와 결혼했습니다. 그녀는 단군이라는 아들을 낳았으며, 그는 5천 년도 더 전에 조선이라는 나라를 세웠습니다. 이러한 이유로 우리 한국 사람들은 단군을 나라의 첫 번째 군주라고 생각하고 있으며 곰을 신성한 동물로 여기고 있습니다.

문법 설명 및 구문 응용

◈ Este siempre sentía mucho interés por el mundo de los hombres [...].

sentir의 불완료과거형 sentía가 사용된 『sentir interés en/por ~』는 "~에 관심/흥미를 느끼다"는 의미의 관용구이다. "~에 흥미를 갖다"는 의미에서 『tener interés en ~』을 쓰기도 한다. 또는 동사 interesar를 쓰기도 하는데, 이 경우에는 gustar 동사처럼 관심을 갖는 사람이 간접목적격으로 쓰인다.

A él le interesa mucho esta cuestión. 그는 이 문제에 관심이 무척 많다.
No me interesa eso. 나는 그것에 관심 없어.

◈ El padre se dio cuenta del deseo de su hijo [...]

『darse cuenta de ~』는 "~을 알아채다", "~을 깨닫다"는 의미의 관용구이다. 비슷한 의미의 동사로 advertir와 reconocer가 있으나, advertir는 타동사로 써 주로 "~에게 ~을 알아차리게 하다", "주의 또는 경고하다"는 의미로 쓰이며 reconocer는 "인정하다" 또는 "인식하다"라는 의미이므로 동일한 것은 아니다. 한편 cuenta를 사용하는 다른 관용구들로는 다음과 같은 것들이 있다.

dar cuenta de ~을 책임지다. 변명하다.
tener en cuenta ~을 고려하다. ~을 숙고하다
abrir la cuenta 계좌를 개설하다.
por mi cuenta 나의 책임 하에

◈ Por fin encontró en la Península Coreana el lugar apropiado para que su hijo pudiera hacer realidad su sueño.

접속사 para que는 "~을 위하여"라는 의미를 나타내며 이 접속사가 이끄는 부사절의 동사는 접속법의 형태를 취한다. 위 구문에서 종속절, 즉 부사절의

동사 pudiera는 poder의 접속법 불완료과거 형태이다. encontró의 주어와 pudiera realizar의 주어가 서로 다르므로 para que 구문을 쓴 것이다 (18과 '문법 설명 및 구문 응용'참조).

◈ Así que le permitió bajar al mundo de los hombres, [...].

이 문장에서 Así que는 "그래서"라는 의미로 사용되는 일종의 접속사의 성격을 갖는 요소이다. 이러한 의미적 용법 외에도 "~하자마자"의 의미인 tan pronto como와 같이 쓰이는 경우도 있다.

Así que lleguen, empezaremos a entrar a la cafetería.
그들이 오는 즉시 우리는 카페테리아에 들어가기 시작하겠다.

주절의 동사가 '부탁/권고, 사역/명령, 금지/허용'의 의미일 때, 종속절은 que절로 인도될 수도 있고, 위 구문처럼 종속절의 주어는 간접목적격으로 동사는 원형부정사로도 표현할 수 있다.

Le pedí a María no hacerlo.
나는 마리아에게 그것을 하지 말라고 부탁했다.
Ellos nos aconsejan no continuar el viaje.
그들은 우리에게 여행을 계속하지 말라고 충고한다.

Ella nos manda terminarlo hasta mañana.
그녀는 우리에게 그것을 내일까지 끝내라고 명령한다.
Él les ordenó construir un nuevo puente.
그는 그들에게 새로운 다리를 하나 건설하라고 명령했다.

위의 문장들의 원형부정사구는 절로 표현하여도 동일한 의미를 유지한다. 하지만 그러한 경우 주절 동사들의 성격상 종속절의 동사는 반드시 접속법이 되어야 한다는 것을 명심하자.

Le permitió que bajara al mundo de los hombres.
그는 그에게 인간 세계로 내려가는 것을 허락했다.
Le pedí a María que no lo hiciera.
나는 마리아에게 그것을 하지 말라고 요청했다.
Ellos nos aconsejan que no continuemos el viaje.
그들은 우리에게 여행을 계속하지 말라고 조언한다.
Ella nos manda que lo terminemos hasta mañana.
그녀는 우리에게 그것을 내일까지 끝내라고 명령한다.
Él les ordenó que construyeran un nuevo puente.
그는 그들에게 새로운 다리를 건설하라고 명령했다.

◈ Con el tiempo la mujer osa se sintió sola y rezó al cielo para que le diera una pareja con quien casarse.

Con el tiempo는 "시간이 지남에 따라"라는 의미의 관용 표현이다. tiempo를 이용한 다른 관용 표현으로는 다음과 같은 것들이 있다.

a tiempo	제 시간에
al mismo tiempo	동시에
en otro tiempo, en otros tiempos	이전에, 옛날에

『sentirse + 형용사』는 "(자신이) ~하게 느끼다"라는 의미로 사용된다.

Ella se siente feliz. 그녀는 자신이 행복하다고 생각한다.
En aquel entonces me sentía solo. 당시 나는 혼자라고 느꼈다.
Él se sintió enfermo. 그는 몸이 아프다고 느꼈다.

◈ Ella dio a luz a un hijo, Dangun, [...].

dar a luz는 "출산하다"라는 의미로 사용하는 관용어구이다. dio는 dar동사의 단순과거 3인칭단수이다.

Lección 22 Cuento tradicional de Corea : Dos viejos con lobanillo

Érase una vez, en un pueblo muy distante, un viejo que tenía un lobanillo grande en el cuello, debajo del mentón. El hombre era pobre pero muy simpático. Un día fue al bosque a recoger leña. Trabajó mucho y no se dio cuenta de que ya había anochecido. Sin poder ver el lugar, el viejo se perdió en el bosque. Anduvo de un lado a otro hasta que encontró una choza muy antigua y abandonada. Intentó dormir allí dentro. Pero no podía dormir de miedo. Para quitarse el miedo, empezó a cantar en voz baja. Se difundió su voz dulce y hermosa por el bosque. Los duendes que vivían en el bosque la escucharon y se precipitaron a la choza. El jefe de ellos le dijo al viejo:

- *Nos gustan muchísimo las canciones. Todavía no hemos oído a nadie que cante tan bien como Ud. ¿De dónde sale la voz tan dulce y hermosa?*
- *Naturalmente sale de esta garganta, señor.*

Temblando de miedo el pobre viejo le contestó con una voz muy tímida. Puesto que el viejo indicó su garganta, el jefe de los duendes consideró que la voz salía del lobanillo y le pidió que se lo vendiera. Y sin darle oportunidad de responder, el jefe despegó el lobanillo con su varita mágica sin dejarle ninguna huella ni dolor al viejo. Como recompensa le dejó un saco repleto de oro. Los duendes gritaron de alegría y se esfumaron. Al salir el sol el viejo regresó a casa sano y salvo con el saco lleno de oro.

Este rumor lo oyó otro viejo muy avaro que vivía en otro pueblo. Él también tenía un lobanillo grande en el cuello. Por el deseo de deshacerse de su lobanillo y ganar una fortuna, el viejo se metió en el bosque. Al anochecer empezó a cantar en voz muy alta en la choza. A la medianoche los duendes aparecieron con sus varitas mágicas en la mano. El jefe le dijo al viejo:

- *Cantas muy bien. ¿De dónde sale tu canción?*
- *Naturalmente sale de este lobanillo, señor.*

El viejo le respondió en voz aduladora. El jefe se enfadó por la mentira del viejo.

- *Mentiroso, ¿cómo te atreves a engañarnos otra vez? No necesitamos tu lobanillo ni este otro. Llévate contigo este lobanillo también.*

El jefe le pegó el otro lobanillo en el otro lado del cuello. Al final, el viejo avaro no tuvo más remedio que regresar a casa con dos lobanillos en el cuello y sin ninguna fortuna...

제 22 과 한국의 전래 동화: 혹부리 영감

옛날 옛적, 어느 아주 먼 마을에 턱 밑 목덜미에 커다란 혹을 하나 갖고 있는 노인이 살고 있었습니다. 그는 가난했지만 마음씨가 아주 착했습니다. 어느 날 노인은 나무를 하기 위해 숲으로 갔습니다. 일을 열심히 하다 보니 이미 해가 진 것도 몰랐습니다. 노인은 주위가 보이지 않아 숲속에서 길을 잃었습니다. 여기저기 헤매다가 아주 낡고 버려진 오두막을 하나 발견했습니다. 그 안에서 잠을 자려고 했습니다. 그러나 무서워 잠을 잘 수가 없었습니다. 두려움을 쫓으려고 작은 소리로 노래를 하기 시작했습니다. 그의 감미롭고 아름다운 목소리는 숲으로 퍼져 나갔습니다. 숲속에 사는 도깨비들이 노래를 듣고는 오두막으로 달려왔습니다. 도깨비 대장이 노인에게 말했습니다.

"우린 노래를 무척 좋아하오. 당신처럼 노래를 잘 하는 사람을 아직 보지 못했소. 그 감미롭고 아름다운 소리는 어디서 나오는 거요?"

"그야 물론 이 목구멍에서 나옵지요, 나으리."

불쌍한 노인은 두려움에 떨며 잔뜩 겁먹은 소리로 대답했습니다. 노인이 자신의 목을 가리키자 도깨비 대장은 목소리가 혹에서 나오는 것으로 생각하고는 자기에게 팔라고 요청했습니다. 그리고 대장은 대답할 틈도 주지 않고 자신의 요술방망이로 흔적도 고통도 남기지 않고 혹을 떼어냈습니다. 그 대가로 그에게 금이 가득 든 자루 하나를 주었습니다. 도깨비들은 기뻐서 소리 지르며 사라져버렸습니다. 태양이 떠오르자 노인은 금 자루를 가지고 무사히 집으로 돌아왔습니다.

이 소문을 건너 마을에 사는 욕심쟁이 영감이 들었습니다. 그 또한 목에 커다란 혹을 갖고 있었습니다. 혹도 떼고 재산도 얻을 욕심에 그도 숲속으로 들어갔습니다. 날이 저물자 오두막에서 큰 소리로 노래를 하기 시작했습니다. 자정이 되자 도깨비들이 손에 요술방망이를 들고 나타났습니다. 대장이 노인에게 말했습니다.

"노래를 잘 하는구나. 네 노래는 어디서 나오느냐?"

"물론 이 혹에서 나옵지요, 나으리"

노인은 아첨하는 목소리로 그에게 대답했습니다. 대장은 노인의 거짓말에 화가 났습니다.

"이 거짓말쟁이, 감히 네가 우리를 또 속여? 우리는 네 혹도 이 혹도 다 필요 없다. 이 혹도 가져가거라."

대장은 목덜미 다른 쪽에 다른 혹을 붙여버렸습니다. 결국, 욕심쟁이 노인은 재산은 못 얻고 목덜미에 혹을 두 개만 달고 집으로 돌아올 수밖에 없었습니다.

문법 설명 및 구문 응용

◈ Érase una vez

ser 동사에 비인칭대명사 se가 붙은 특이한 경우로써, 옛날이야기를 시작할 때 상투적으로 쓰는 표현이다. "옛날 옛적에"라는 의미로 Érase que se era라고도 쓰인다.

◈ Los duendes que vivían en el bosque la escucharon y se precipitaron a la choza.

엄밀한 의미에서 duende는 숲이나 저택 등지에 사는 "정령, 요정"이지 우리식의 "도깨비"는 아니다. 머리에 뿔이 달리고 때로는 짓궂은 장난을 치는 "도깨비"라는 개념이 서양에는 없기 때문이다. 유사한 개념을 갖는 어휘로 hada와 fantasma가 있다. hada는 같은 "요정"이라고 번역되어도 주로 마음씨 착한 불쌍한 주인공을 돕는 착한 요정을 가리키고, fastasma는 "유령" 혹은 "귀신"이라는 개념에 가깝다. 대표적인 hada는 Cenicienta(신데렐라)나 Blancanieves(백설공주)에 등장하는 hada madrina이다. 반면에 duende는 hada와는 달리 짓궂기도 하고 때로는 악한 짓을 하기도 한다.

◈ Todavía no hemos oído a nadie que cante tan bien como Ud.

현재완료는 과거에 일어난 행위가 현재까지 영향을 미치는 경우에 사용된다. 따라서 현재와 관련된 부사나 부사구인 hoy, ya, todavía, aún, nunca, esta mañana, esta tarde, esta noche, esta semana 등과 함께 자주 쓰인다. 위 구문에서 todavía와 함께 쓰인 이유는 '과거에도 못 보았지만 현재에도 아직까지는 못 만나고 있기' 때문이다. 같은 이유로 아래와 같은 문장에서도 주로 현재완료 시제를 쓴다.

Aún no hemos probado la paella.
우리는 아직 빠에야를 먹어보지 못했다.
Ya he leído Don Quijote. 나는 이미 Don Quijote를 읽었다.
Ella nunca me ha dicho mentira.
그녀는 결코 내게 거짓말을 한 적이 없다.

형용사절의 경우, 선행사가 '불확실'이나 '부정(不定, 否定)'의 의미를 내포하고 있는 경우 이를 수식하는 형용사절의 동사는 접속법이 되어야 한다. 따라서 nadie que cante [...]의 경우 선행사인 nadie가 부정(否定)의 의미를 가지므로 이를 수식하는 형용사절의 동사는 접속법 형태가 되어야 한다. 이밖에도 다음과 같이 선행사가 '불확실'이나 '부정(不定)'을 나타내는 경우에도 이를 수식하는 종속절에서 접속법이 쓰인다.

Buscamos una señorita que hable español.
우리는 스페인어를 할 줄 아는 아가씨 한명을 원한다. [불확실]
¿Hay alguien que conozca Barcelona?
바르셀로나 가본 사람 있습니까? [부정(不定)]

◈ Y sin darle oportunidad de responder, el jefe despegó el lobanillo con su varita mágica sin dejarle ninguna huella ni dolor al viejo.

『sin+부정사』는 "~하지 않은 채"라는 의미를 표현한다. 부정(否定)의 의미를 나타내는 전치사 sin 구문에서 다른 부정어를 중복해서 사용해도 긍정이 되지는 않는다. 따라서 위 구문에서 ninguna와 ni가 함께 쓰였어도 부정이 강조될 뿐이다.

Juan se enteró de esa noticia sin leer ningún periódico ni una revista.
후안은 아무런 신문이나 잡지 한 권도 읽지 않은 채 그 소식을 알았다.

◈ Al salir el sol el viejo regresó a casa sano y salvo con ese saco lleno de oro.

『Al + inf.』는 "~할 때"라는 의미로써 Cuando를 사용하여 부사절로 바꾸어 쓸 수 있다. 다음의 예들도 이처럼 접속사 대신 『전치사 + 원형부정사』로 바꾸어 쓸 수 있는 것들이다.

De oirlo, se reirían. 그것을 듣는다면 다들 웃을 것이다.
(= Si lo oyeran, se reirían.)
Con ser tan antiguo, ese mueble no es caro.
그 가구는 오래되었음에도 불구하고 비싸지 않다.
(= Aunque es tan antiguo, ese mueble no es caro.)

◈ Por el deseo de deshacerse de su lobanillo y ganar una fortuna [...].

deshacer는 "~을 부수다, 파괴하다"라는 의미의 타동사로써 재귀대명사 se가 붙어 "(자신이) 망가지다, 부서지다"라는 의미가 된다. 위 구문에서 '자신의 신체로부터 자신의 혹을 떼어내는 것'이므로 deshacer su lobanillo라고 쓸 수는 없고, deshacerse su lobanillo라는 표현 역시 문법적으로 틀린 문장이 된다. "자신의 신체로부터 자신의 혹을 떼어낸다"는 의미가 되기 위해서는 deshacerse에 전치사 de가 함께 쓰인다.

◈ ¿Cómo te atreves a engañarnos otra vez?

atreverse는 재귀대명사 se가 없는 형태로는 쓰이지 않는다. 즉 반드시 se와 함께 쓰이는데, 이러한 동사를 '대명동사'라고 한다. 이러한 대명동사로는 arrepentirse de, burlarse de, quejarse de 등이 있다. 위의 atreverse에는 전치사 a가 항상 동반 되듯이, 동사에 따라 늘 동반되는 전치사가 있으니 함께 익혀두어야 한다.

Él se arrepiente de no haber asistido a esa reunión.
그는 그 모임에 참석하지 않은 것을 후회한다.
Ellos se burlaron de ese novato. 그들은 그 신참자를 조롱했다.
Los estudiantes se quejan de las comidas la cafetería.
학생들은 식당의 음식에 불평한다.

◈ Llévate contigo este lobanillo también.

llevar는 "~을 가져가다"라는 의미의 타동사로 목적어를 취한다. 그러나 "자신이 직접 지니고 가져가다"는 의미를 강조하는 경우 위 구문에서처럼 2인칭 단수 명령형 llévate와 contigo가 함께 쓰여 "네가 직접 몸에 지니고 가라"라는 의미를 나타낸다.

Él llevó el paquete a correos. 그는 소포를 우체국에 가지고 갔다.
Llévese consigo el paraguas. 당신이 직접 우산을 가지고 가십시오.
Llévatelo contigo. 네가 직접 그것을 가져가거라.

◈ Al final, el viejo avaro no tuvo más remedio que regresar a casa con dos lobanillos en el cuello [...].

「no tener más (또는 otro) remedio que ~」는 "~(을) 할 수 밖에 없다"라는 의미를 표현할 때 사용하는 구문이다.

Ella no tuvo otro remedio que aceptar el resultado.
그녀는 결과를 받아들일 수밖에 없었다.
Para ellos no había otro remedio que rendirse.
그들은 항복할 수밖에 없었다.

Lección 23 Historia contemporánea de Corea

El reino Chosun duró 519 años, hasta 1910, cuando Japón anexó a Corea y la dominó por 36 años. Durante ese período muchas personas lucharon por lograr la independencia. En 1945, con la derrota de Japón en la Segunda Guerra Mundial, Corea fue liberada.

Sin embargo, la Península Coreana fue dividida en dos por Estados Unidos y la Unión Soviética. En la parte meridional, Corea del Sur formó su propio gobierno bajo la influencia de Estados Unidos y en la septentrional, Corea del Norte fue controlada por la Unión Soviética. Corea del Sur tomó el capitalismo como ideología y Corea del Norte el comunismo. Con el tiempo la tensión política e ideológica entre ambas partes creció a tal grado que finalmente se desató la Guerra de Corea en 1950.

La guerra duró tres años. Fue muy cruel y trágica. Millones de personas murieron o resultaron heridas. Casi todo el país fue destruido. Cientos de miles de personas fueron separadas de sus familias. Aún después de terminada la guerra, algunos conflictos militares han continuado entre ambas partes.

No obstante, en los últimos años se ha establecido un ambiente de paz en la península. A pesar de que no se ha abierto totalmente el turismo con Corea del Norte, hoy en día los surcoreanos pueden visitar algunos lugares turísticos del Norte. También a las familias separadas se les ofrece la oportunidad de verse, aunque solo por dos o tres días. A medida que se estrechan las relaciones comerciales entre ambos países, los empresarios y los dirigentes políticos hablan sentados a la mesa con mayor frecuencia. Aunque Corea del Norte es un país muy cerrado, pienso que debe abrir sus puertas para salir del aislamiento internacional y de la miseria económica. Bajo las condiciones actuales, creo que la Península Coreana podrá reunificarse en un futuro no muy lejano.

제 23 과 한국의 현대사

조선왕조는 1910년까지 519년 동안 지속되었으며, 이 해에 일본은 한국을 합병해서 36년 동안 통치했습니다. 이 기간 동안 많은 사람들이 독립을 쟁취하기 위해 싸웠습니다. 1945년 제2차 세계대전에서 일본이 패함으로써 한국은 해방되었습니다.

그러나 한반도는 미국과 소련에 의해 둘로 나뉘었습니다. 남쪽 절반 즉 남한은 미국의 영향력 하에서 단독 정부를 구성했고, 북쪽 절반 즉 북한은 소련의 통제를 받았습니다. 이데올로기로 남한은 자본주의를, 북한은 공산주의를 택했습니다. 시간이 지나면서 양 측 사이의 정치적, 이데올로기적 긴장은 점차 고조되어 갔고, 마침내 1950년 한국전쟁이 발발하였습니다.

전쟁은 3년 동안 지속되었습니다. 매우 참혹했고 비극적이었습니다. 수백만 명의 사람들이 죽거나 다쳤습니다. 거의 나라 전체가 파괴되었습니다. 수십만 명의 사람들이 가족들과 헤어져야만 했습니다. 종전 후에도 양 측 사이의 군사적 갈등은 지속되었습니다.

그러나 최근 들어 한반도에 평화 분위기가 조성되어 가고 있습니다. 비록 북한으로의 관광이 완전히 개방되지는 않았지만 오늘날 남한사람들은 북한의 일부 관광지로 여행할 수 있습니다. 또한 이산가족들에게 2-3일에 불과하지만 서로 만날 수 있는 기회도 주어집니다. 양 측 간의 교역관계가 긴밀해짐에 따라 기업인들과 정치 지도자들은 더 자주 테이블에 앉아 대화를 나눕니다. 비록 북한이 매우 폐쇄적인 국가이지만 나는 국제적 고립과 경제적 빈곤에서 벗어나기 위해 문호를 개방해야만 한다고 봅니다. 나는 현재의 이러한 상황 하에서 한반도가 멀지 않은 장래에 재통일 될 것이라고 생각합니다.

문법 설명 및 구문 응용

◈ Sin embargo, la Península Coreana fue dividida en dos por Estados Unidos y la Unión Soviética.

『ser dividido(a) en +숫자』는 해당 숫자로 "나누어지다", "분리되다"라는 의미의 수동태 구문이다. 위 구문에서 por(~에 의해)로 표시되는 '행위자'는 Estados Unidos와 la Unión Soviética이다. 전자는 미국이며, 후자는 구소련(소비에트 연방)이다. 현재는 러시아(Rusia)를 비롯한 여러 나라로 분리되어 존재하지 않는다.

◈ Con el tiempo la tensión política e ideológica entre ambas partes creció a tal grado que finalmente se desató la Guerra de Corea en 1950.

『a tal grado que ~』는 『tal ~ que ~』 구문으로써 "~해서 (그래서, 결과적으로) ~하다"라는 의미를 나타내는 표현이다.

> Hizo tal frío que se congeló el agua de las tuberías.
> 날씨가 추워서 수도관의 물이 얼었다.

◈ Millones de personas murieron o resultaron heridas.

millones de personas는 막연하게 "수백만 명"이라고 할 때 쓰이는 표현이다. 아래의 표현들도 막연하게 "몇 명"이라고 할 때 많이 쓰이는 표현들이다.

unas personas	몇 명
decenas/docenas de personas	수십 명
cientos de personas	수백 명
miles de personas	수천 명
decenas/docenas de miles de personas	수만 명
Cientos de miles de personas	수십만 명

◈ Aún después de terminada la guerra, algunos conflictos militares han continuado entre ambas partes.

"종전 후에"라는 의미를 표현하기 위해 사용하는 비교적 평범한 구문 유형으로는 después de terminar la guerra나 después de la guerra를 쓰지만 위 문장에서처럼 después de terminada la guerra와 같은 형태로 사용되는 경우도 있다.

◈ También a las familias separadas se les ofrece la oportunidad de verse, aunque solo por dos o tres días.

se les ofrece la oportunidad de ~구문의 경우, 동사 ofrecer는 수동을 나타내는 se와 함께 쓰여 '~이 ~에게 제공됨'을 나타낸다. verse의 se는 가족들이 '서로' 만나는 것이므로 '상호'의 의미로 쓰인 것이다. aunque solo por dos o tres días의 경우 동사가 생략된 것은 쓰지 않아도 문맥상 의미 전달이 가능하기 때문이다. 굳이 쓴다면 aunque solo sea por dos o tres días가 될 것이다.

◈ A medida que se estrechan las relaciones comerciales entre ambos países, los empresarios y los dirigentes políticos hablan sentados a la mesa con mayor frecuencia.

『a medida que~』는 "~함에 따라" 라는 의미를 갖는 접속사로 본문에서 사용되었다.

A medida que pasa el tiempo, se vuelve más desagradable.
시간이 흐름에 따라 더 불쾌해진다.

hablan sentados a la mesa는 주어가 남성 3인칭 복수이므로 주격보어(sentados)가 주어와 성과 수의 일치를 보이고 있다.

Lección 24 Los jóvenes de hoy de Corea

Para hablar de los jóvenes de hoy, nos vemos obligados a mencionar a la generación anterior que se compara con la de hoy en muchos sentidos. Los padres de los jóvenes actuales son los que sufrieron una de las guerras más cruentas de la historia de la nación, la Guerra de Corea (1950-1953). Estos padres, en su adolescencia, siendo Corea un país de economía agrícola, crecieron en una familia pobre y numerosa, de manera que en general no eran bien cuidados por sus padres y cada uno debía explorar su propio futuro. Atravesando por el período de rápida industrialización a los 60 y 70, esta generación dedicó toda su vida a su papel económico, sacrificando cualquier tipo de necesidad individual. En el campo político interior del país, correspondía al período de la lucha por la democratización del país.

A diferencia de sus padres, que por fin pudieron establecerse en la sociedad relativamente acomodada, los jóvenes de hoy han crecido en comparativa comodidad económica. La mayoría de ellos son de familia nuclear de uno o dos hijos, resultado de la Campaña Oficial para el Control de la Natalidad. Por ello, los hijos siempre han sido el foco del interés de los padres, quienes dieron más importancia a su educación. Viviendo en una sociedad económicamente desarrollada y políticamente democratizada, a estos jóvenes de hoy no les hace falta sacrificarse por nada más que por sí mismos. Y la globalización mundial les ofrece una gran oportunidad de conocer un mundo mucho más amplio. Sin embargo, los jóvenes de Corea, paradójicamente, se encuentran en una situación de máxima competencia, a consecuencia de todas estas ventajas de las que gozan.

Aun así, su forma de pensar es muy positiva y abierta al ser parte de una generación muy competitiva y de un nivel alto de educación. De ahí la confianza de la generación anterior de que los jóvenes de hoy poseen la capacidad suficiente para encargarse del futuro del país.

제 24 과 현대 한국의 젊은이들

오늘날의 젊은이에 대해 말하려면 여러 면에서 그들과 비교되는 이전 세대에 대해 먼저 언급하지 않을 수 없다. 현 세대의 부모들은 우리나라 역사상 가장 참혹했던 전쟁인 한국동란(1950-1953)을 겪었다. 이들이 청소년이었을 당시 한국은 농업국이었던 고로 가난한 대가족에서 자라났다. 따라서 부모들의 보살핌을 받기 보다는 자신의 미래를 자신이 개척해야만 했다. 1960년대와 1970년대의 급속한 산업화 과정을 거치면서 이 세대들은 자신의 개인적인 욕구를 희생하고 일생을 경제적인 의무를 다하는데 바쳤다. 국내 정치면에 있어서는 민주화투쟁 기간에 해당된다.

마침내 상대적으로 유복한 사회에 정착하게 된 부모들과는 달리 오늘날의 젊은이들은 경제적으로 비교적 안락한 환경에서 성장했다. 그들 중 대부분은 한 두 자녀만을 둔 핵가족 출신인데 이는 국가적인 산아제한 캠페인의 결과였다. 이로 인해 자녀들은 항상 부모의 관심의 초점이었으며 부모들은 자녀들의 교육을 중요하게 여겼다. 경제적 발전을 이루고 정치적으로 민주화된 사회에 살고 있는 이들 젊은이들은 자신이 아닌 무엇을 위해서도 희생할 필요가 없다. 또한 세계화로 인해 훨씬 더 넓은 세상을 알게 될 기회도 가지고 있다. 하지만, 역설적으로, 그들이 누리는 이러한 모든 장점들 때문에 한국의 젊은이들은 고도의 경쟁 속에 놓여있기도 하다.

그렇다고는 해도 높은 교육을 받은 경쟁력 있는 세대인고로 이들의 사고방식은 긍정적이고 개방적이다. 이들이 나라의 미래를 짊어질 충분한 능력을 지니고 있다는 이전 세대의 신뢰는 여기에 기인한다.

문법 설명 및 구문 응용

◈ Para hablar de los jóvenes de hoy, nos vemos obligados a mencionar a la generación anterior que se compara con la de hoy en muchos sentidos.

『verse obligado a ~ (~하지 않을 수 없다)』는 주어가 1인칭복수이므로 nos vemos obligados a 라는 형식을 취하고 있다.

◈ [...] de manera que en general no eran bien cuidados por sus padres [...]

『de manera que』는 앞 문장의 내용에 이어 "따라서" 혹은 "그러므로"의 의미로 쓰이는 접속사이다. 그러나 위 문장에서와 달리 쉼표를 쓰지 않고 원인의 의미를 기술하는 접속사로 사용되는 경우 종속절에 접속법을 사용해야 하므로 주의가 요구된다.

Me levanté temprano, de modo que llegué a tiempo.
(결과의 의미를 나타내는 접속사로 사용된 경우)
나는 일찍 일어났다. 그래서 제때에 도착했다.
Me levanté temprano de modo que llegara a tiempo.
(목적을 나타내는 접속사인 경우)
나는 제때에 도착하기 위해 일찍 일어났다.

◈ La mayoría de ellos son de familia nuclear de uno o dos hijos [...]

『la mayor parte de ~』, 『la mayoría de ~』, 『el resto de ~』 등의 경우는 단수로 기능하지만, 전치사 de 이하의 복수명사와 일치하여 복수로 사용되기도 한다. 현대 스페인어에서는 복수형 동사의 사용이 보다 일반적이다.

La mayor parte de los estudiantes han participado en la fiesta.
대부분의 학생들이 파티에 참석하였다.
El resto de los periodistas van a la conferencia.
나머지 기자들이 회의에 간다.
La mayoría de sus hijas son altas.
그의 딸들 대부분이 키가 크다.

◈ [...] dieron más importancia a su educación.

『dar más importancia a~』는 "~에게 더 많은 중요성을 부여하다" 혹은 "~을 중요하게 여기다"라는 의미로 사용하는 표현이다. 그러나 재귀대명사 se를 쓰는 경우에는 『darse importancia』가 "젠 체하다" 혹은 "잘난 체하다"라는 의미로 쓰인다.

Aunque tiene dinero, Ana nunca se da importancia.
돈은 있지만 Ana는 결코 젠체하지 않는다.

◈ a estos jóvenes de hoy no les hace falta sacrificarse por nada más que por sí mismos.

hacer falta 또는 faltar는 "~이 필요하다"라는 의미로 사용하는 표현이다. 여기서 이 표현과 함께 간접목적격으로 표시되는 요소가 함께 사용되어 "~에게 ~이 필요하다"라는 표현을 할 수 있다.

Me hacen falta dos sillas de ruedas. 나는 휠체어 두 개가 필요하다.
¿No faltaría una silla para sentarse once personas?
열한 명이 앉기에 의자 하나가 모자라지 않을까?

◈ Aun así, su forma de pensar es muy positiva y abierta al ser parte de una generación muy competitiva y de un nivel alto de educación.

이 문장에서 aun así는 "그렇기는 하지만"과 같은 의미로 사용하는 표현이다.

◈ De ahí la confianza de la generación anterior de que los jóvenes de hoy poseen la capacidad suficiente para encargarse del futuro del país.

『De ahí ~』와 같은 구조는 "~이 거기서 유래한다"라는 의미를 표현하기 위해 사용한다. '유래하다'라는 의미를 갖는 동사를 구체적으로 사용하지 않고 전치사 'de'를 사용하여 위와 같은 표현을 관용적으로 사용한다.

부록

규칙동사들

법	직설법			
시제 / 동사	현재	단순과거	불완료과거	단순미래
hablar 말하다 hablando hablado	hablo hablas habla hablamos habláis hablan	hablé hablaste habló hablamos hablasteis hablaron	hablaba hablabas hablaba hablábamos hablabais hablaban	hablaré hablarás hablará hablaremos hablaréis hablarán
comer 먹다 comiendo comido	como comes come comemos coméis comen	comí comiste comió comimos comisteis comieron	comía comías comía comíamos comíais comían	comeré comerás comerá comeremos comeréis comerán
vivir 살다 viviendo vivido	vivo vives vive vivimos vivís viven	viví viviste vivió vivimos vivisteis vivieron	vivía vivías vivía vivíamos vivíais vivían	viviré vivirás vivirá viviremos viviréis vivirán

직설법	접속법		명령형
가정미래	현재	불완료과거 (-ra형)	
hablaría hablarías hablaría hablaríamos hablaríais hablarían	hable hables hable hablemos habléis hablen	hablara hablaras hablara habláramos hablarais hablaran	x habla hable hablemos hablad hablen
comería comerías comería comeríamos comeríais comerían	coma comas coma comamos comáis coman	comiera comieras comiera comiéramos comierais comieran	x come coma comamos comed coman
viviría vivirías viviría viviríamos viviríais vivirían	viva vivas viva vivamos viváis vivan	viviera vivieras viviera viviéramos vivierais vivieran	x vive viva vivamos vivid vivan

불규칙동사들

법	직설법			
시제 / 동사	현재	단순과거	불완료과거	단순미래
andar 걷다 andando andado	ando andas anda andamos andáis andan	anduve anduviste anduvo anduvimos anduvisteis anduvieron	andaba andabas andaba andábamos andabais andaban	andaré andarás andará andaremos andaréis andarán
almorzar 점심 먹다 almorzando almorzado	almuerzo almuerzas almuerza almorzamos almorzáis almuerzan	almorcé almorzaste almorzó almorzamos almorzasteis almorzaron	almorzaba almorzabas almorzaba almorzábamos almorzabais almorzaban	almorzaré almorzarás almorzará almorzaremos almorzaréis almorzarán
buscar 찾다 buscando buscado	busco buscas busca buscamos buscáis buscan	busqué buscaste buscó buscamos buscasteis buscaron	buscaba buscabas buscaba buscábamos buscabais buscaban	buscaré buscarás buscará buscaremos buscaréis buscarán
caber 들어갈 수 있다 cabiendo cabido	quepo cabes cabe cabemos cabéis caben	cupe cupiste cupo cupimos cupisteis cupieron	cabía cabías cabía cabíamos cabíais cabían	cabré cabrás cabrá cabremos cabréis cabrán
caer 떨어지다 cayendo caído	caigo caes cae caemos caéis caen	caí caíste cayó caímos caísteis cayeron	caía caías caía caíamos caíais caían	caeré caerás caerá caeremos caeréis caerán
comenzar 시작하다 comenzando comenzado	comienzo comienzas comienza comenzamos comenzáis comienzan	comencé comenzaste comenzó comenzamos comenzasteis comenzaron	comenzaba comenzabas comenzaba comenzábamos comenzabais comenzaban	comenzaré comenzarás comenzará comenzaremos comenzaréis comenzarán

직설법	접속법		명령형
가정미래	현재	불완료과거 (-ra형)	
andaría andarías andaría andaríamos andaríais andarían	ande andes ande andemos andéis anden	anduviera anduvieras anduviera anduviéramos anduvierais anduvieran	x anda ande andemos andad anden
almorzaría almorzarías almorzaría almorzaríamos almorzaríais almorzarían	almuerce almuerces almuerce almorcemos almorcéis almuercen	almorzara almorzaras almorzara almorzáramos almorzarais almorzaran	x almuerza almuerce almorcemos almorzad almuercen
buscaría buscarías buscaría buscaríamos buscaríais buscarían	busque busques busque busquemos busquéis busquen	buscara buscaras buscara buscáramos buscarais buscaran	x busca busque busquemos buscad busquen
cabría cabrías cabría cabríamos cabríais cabrían	quepa quepas quepa quepamos quepáis quepan	cupiera cupieras cupiera cupiéramos cupierais cupieran	
caería caerías caería caeríamos caeríais caerían	caiga caigas caiga caigamos caigáis caigan	cayera cayeras cayera cayéramos cayerais cayeran	x cae caiga caigamos caed caigan
comenzaría comenzarías comenzaría comenzaríamos comenzaríais comenzarían	comience comiences comience comencemos comencéis comiencen	comenzara comenzaras comenzara comenzáramos comenzarais comenzaran	x comienza comience comencemos comenzad comiencen

법	직설법			
시제 / 동사	현재	단순과거	불완료과거	단순미래
conducir 운전하다 conduciendo conducido	conduzco conduces conduce conducimos conducís conducen	conduje condujiste condujo condujimos condujisteis condujeron	conducía conducías conducía conducíamos conducíais conducían	conduciré conducirás conducirá conduciremos conduciréis conducirán
conocer 알다 conociendo conocido	conozco conoces conoce conocemos conocéis conocen	conocí conociste conoció conocimos conocisteis conocieron	conocía conocías conocía conocíamos conocíais conocían	conoceré conocerás conocerá conoceremos conoceréis conocerán
construir 건설하다 construyendo construido	construyo construyes construye construimos construís construyen	construí construiste construyó construimos construisteis construyeron	construía construías construía construíamos construíais construían	construiré construirás construirá construiremos construiréis construirán
creer 믿다 creyendo creído	creo crees cree creemos creéis creen	creí creíste creyó creímos creísteis creyeron	creía creías creía creíamos creíais creían	creeré creerás creerá creeremos creeréis creerán
dar 주다 dando dado	doy das da damos dais dan	di diste dio dimos disteis dieron	daba dabas daba dábamos dabais daban	daré darás dará daremos daréis darán
decir 말하다 diciendo dicho	digo dices dice decimos decís dicen	dije dijiste dijo dijimos dijisteis dijeron	decía decías decía decíamos decíais decían	diré dirás dirá diremos diréis dirán

직설법	접속법		명령형
가정미래	현재	불완료과거 (-ra형)	
conduciría conducirías conduciría conduciríamos conduciríais conducirían	conduzca conduzcas conduzca conduzcamos conduzcáis conduzcan	condujera condujeras condujera condujéramos condujerais condujeran	x conduce conduzca conduzcamos conducid conduzcan
conocería conocerías conocería conoceríamos conoceríais conocerían	conozca conozcas conozca conozcamos conozcáis conozcan	conociera conocieras conociera conociéramos conocierais conocieran	x conoce conozca conozcamos conoced conozcan
construiría construirías construiría construiríamos construiríais construirían	construya construyas construya construyamos construyáis construyan	construyera construyeras construyera construyéramos construyerais construyeran	x construye construya construyamos construid construyan
creería creerías creería creeríamos creeríais creerían	crea creas crea creamos creáis crean	creyera creyeras creyera creyéramos creyerais creyeran	x cree crea creamos creed crean
daría darías daría daríamos daríais darían	dé des dé demos deis den	diera dieras diera diéramos dierais dieran	x da dé demos dad den
diría dirías diría diríamos diríais dirían	diga digas diga digamos digáis digan	dijera dijeras dijera dijéramos dijerais dijeran	x di diga digamos decid digan

법	직설법			
시제 동사	현재	단순과거	불완료과거	단순미래
despertar 깨우다 despertando despertado	despierto despiertas despierta despertamos despertáis despiertan	desperté despertaste despertó despertamos despertasteis despertaron	despertaba despertabas despertaba despertábamos despertabais despertaban	despertaré despertarás despertará despertaremos despertaréis despertarán
doler 아프다 doliendo dolido	duelo dueles duele dolemos doléis duelen	dolí doliste dolió dolimos dolisteis dolieron	dolía dolías dolía dolíamos dolíais dolían	doleré dolerás dolerá doleremos doleréis dolerán
dormir 자다 durmiendo dormido	duermo duermes duerme dormimos dormís duermen	dormí dormiste durmió dormimos dormisteis durmieron	dormía dormías dormía dormíamos dormíais dormían	dormiré dormirás dormirá dormiremos dormiréis dormirán
empezar 시작하다 empezando empezado	empiezo empiezas empieza empezamos empezáis empiezan	empecé empezaste empezó empezamos empezasteis empezaron	empezaba empezabas empezaba empezábamos empezabais empezaban	empezaré empezarás empezará empezaremos empezaréiss empezarán
encontrar 발견하다 encontrando encontrado	encuentro encuentras encuentra encontramos encontráis encuentran	encontré encontraste encontró encontramos encontrasteis encontraron	encontraba encontrabas encontraba encontrábamos encontrabais encontraban	encontraré encontrarás encontrará encontraremos encontraréis encontrarán
entender 이해하다 entendiendo entendido	entiendo entiendes entiende entendemos entendéis entienden	entendí entendiste entendió entendimos entendisteis entendieron	entendía entendías entendía entendíamos entendíais entendían	entenderé entenderás entenderá entenderemos entenderéis entenderán

직설법	접속법		명령형
가정미래	현재	불완료과거 (-ra형)	
despertaría	despierte	despertara	x
despertarías	despiertes	despertaras	despierta
despertaría	despierte	despertara	despierte
despertaríamos	despertemos	despertáramos	despertemos
despertaríais	despertéis	despertarais	despertad
despertarían	despierten	despertaran	despierten
dolería	duela	doliera	
dolerías	duelas	dolieras	
dolería	duela	doliera	
doleríamos	dolamos	doliéramos	
doleríais	doláis	dolierais	
dolerían	duelan	dolieran	
dormiría	duerma	durmiera	x
dormirías	duermas	durmieras	duerme
dormiría	duerma	durmiera	duerma
dormiríamos	durmamos	durmiéramos	durmamos
dormiríais	durmáis	durmierais	dormid
dormirían	duerman	durmieran	duerman
empezaría	empiece	empezara	x
empezarías	empieces	empezaras	empieza
empezaría	empiece	empezara	empiece
empezaríamos	empecemos	empezáramos	empiecemos
empezaríais	empecéis	empezarais	empezad
empezarían	empiecen	empezaran	empiecen
encendería	encuentre	encontrara	x
encenderías	encuentres	encontraras	encuentra
encendería	encuentre	encontrara	encuentre
encenderíamos	encontremos	encontráramos	encontremos
encenderíais	encontréis	encontrarais	encontrad
encenderían	encuentren	encontraran	encuentren
entendería	entienda	entendiera	x
entenderías	entiendas	entendieras	entiende
entendería	entienda	entendiera	entienda
entenderíamos	entendamos	entendiéramos	entendamos
entenderíais	entendáis	entendierais	entended
entenderían	entiendan	entendieran	entiendan

법	직설법			
시제 / 동사	현재	단순과거	불완료과거	단순미래
enviar 보내다 enviando enviado	envío envías envía enviamos enviáis envían	envié enviaste envió enviamos enviasteis enviaron	enviaba enviabas enviaba enviábamos enviabais enviaban	enviaré enviarás enviará enviaremos enviaréis enviarán
estar 있다 estando estado	estoy estás está estamos estáis están	estuve estuviste estuvo estuvimos estuvisteis estuvieron	estaba estabas estaba estábamos estabais estaban	estaré estarás estará estaremos estaréis estarán
haber 있다 habiendo habido	he has ha / hay hemos habéis han	hube hubiste hubo hubimos hubisteis hubieron	había habías había habíamos habíais habían	habré habrás habrá habremos habréis habrán
hacer 하다 haciendo hecho	hago haces hace hacemos hacéis hacen	hice hiciste hizo hicimos hicisteis hicieron	hacía hacías hacía hacíamos hacíais hacían	haré harás hará haremos haréis harán
ir 가다 yendo ido	voy vas va vamos vais van	fui fuiste fue fuimos fuisteis fueron	iba ibas iba íbamos ibais iban	iré irás irá iremos iréis irán
jugar 놀다 jugando jugado	juego juegas juega jugamos jugáis juegan	jugué jugaste jugó jugamos jugasteis jugaron	jugaba jugabas jugaba jugábamos jugabais jugaban	jugaré jugarás jugará jugaremos jugaréis jugarán

직설법	접속법		명령형
가정미래	현재	불완료과거 (-ra형)	
enviaría	envíe	enviara	x
enviarías	envíes	enviaras	envía
enviaría	envíe	enviara	envíe
enviaríamos	enviemos	enviáramos	enviemos
enviaríais	enviéis	enviarais	enviad
enviarían	envíen	enviaran	envíen
estaría	esté	estuviera	x
estarías	estés	estuvieras	está
estaría	esté	estuviera	esté
estaríamos	estemos	estuviéramos	estemos
estaríais	estéis	estuvierais	estad
estarían	estén	estuvieran	estén
habría	haya	hubiera	x
habrías	hayas	hubieras	ha
habría	haya	hubiera	haya
habríamos	hayamos	hubiéramos	hayamos
habríais	hayáis	hubierais	habed
habrían	hayan	hubieran	hayan
haría	haga	hiciera	x
harías	hagas	hicieras	haz
haría	haga	hiciera	haga
haríamos	hagamos	hiciéramos	hagamos
haríais	hagáis	hicierais	haced
harían	hagan	hicieran	hagan
iría	vaya	fuera	x
irías	vayas	fueras	ve
iría	vaya	fuera	vaya
iríamos	vayamos	fuéramos	vayamos
iríais	vayáis	fuerais	id
irían	vayan	fueran	vayan
jugaría	juegue	jugara	x
jugarías	juegues	jugaras	juega
jugaría	juegue	jugara	juegue
jugaríamos	juguemos	jugáramos	juguemos
jugaríais	juguéis	jugarais	jugad
jugarían	jueguen	jugaran	jueguen

법	직설법			
시제 / 동사	현재	단순과거	불완료과거	단순미래
leer 읽다 leyendo leído	leo lees lee leemos leéis leen	leí leíste leyó leímos leísteis leyeron	leía leías leía leíamos leíais leían	leeré leerás leerá leeremos leeréis leerán
llegar 도착하다 llegando llegado	llego llegas llega llegamos llegáis llegan	llegué llegaste llegó llegamos llegasteis llegaron	llegaba llegabas llegaba llegábamos llegabais llegaban	llegaré llegarás llegará llegaremos llegaréis llegarán
morir 죽다 muriendo muerto	muero mueres muere morimos morís mueren	morí moriste murió morimos moristeis murieron	moría morías moría moríamos moríais morían	moriré morirás morirá moriremos moriréis morirán
oír 듣다 oyendo oído	oigo oyes oye oímos oís oyen	oí oíste oyó oímos oísteis oyeron	oía oías oía oíamos oíais oían	oiré oirás oirá oiremos oiréis oirán
pagar 지불하다 pagando pagado	pago pagas paga pagamos pagáis pagan	pagué pagaste pagó pagamos pagasteis pagaron	pagaba pagabas pagaba pagábamos pagabais pagaban	pagaré pagarás pagará pagaremos pagaréis pagarán
pedir 요청하다 pidiendo pedido	pido pides pide pedimos pedís piden	pedí pediste pidió pedimos pedisteis pidieron	pedía pedías pedía pedíamos pedíais pedían	pediré pedirás pedirá pediremos pediréis pedirán

직설법	접속법		명령형
가정미래	현재	불완료과거 (-ra형)	
leería	lea	leyera	x
leerías	leas	leyeras	lee
leería	lea	leyera	lea
leeríamos	leamos	leyéramos	leamos
leeríais	leáis	leyerais	leed
leerían	lean	leyera	lean
llegaría	llegue	llegara	x
llegarías	llegues	llegaras	llega
llegaría	llegue	llegara	llegue
llegaríamos	lleguemos	llegáramos	lleguemos
llegaríais	lleguéis	llegarais	llegad
llegarían	lleguen	llegaran	lleguen
moriría	muera	muriera	x
morirías	mueras	murieras	muere
moriría	muera	muriera	muera
moriríamos	muramos	muriéramos	muramos
moriríais	muráis	murierais	morid
morirían	mueran	murieran	mueran
oiría	oiga	oyera	x
oirías	oigas	oyeras	oye
oiría	oiga	oyera	oiga
oiríamos	oigamos	oyéramos	oigamos
oiríais	oigáis	oyerais	oíd
oirían	oigan	oyeran	oigan
pagaría	pague	pagara	x
pagarías	pagues	pagaras	paga
pagaría	pague	pagara	pague
pagaríamos	paguemos	pagáramos	paguemos
pagaríais	paguéis	pagarais	pagad
pagarían	paguen	pagaran	paguen
pediría	pida	pidiera	x
pedirías	pidas	pidieras	pide
pediría	pida	pidiera	pida
pediríamos	pidamos	pidiéramos	pidamos
pediríais	pidáis	pidierais	pedid
pedirían	pidan	pidieran	pidan

법	직설법			
시제 / 동사	현재	단순과거	불완료과거	단순미래
pensar 생각하다 pensando pensado	pienso piensas piensa pensamos pensáis piensan	pensé pensaste pensó pensamos pensasteis pensaron	pensaba pensabas pensaba pensábamos pensabais pensaban	pensaré pensarás pensará pensaremos pensaréis pensarán
perder 잃다 perdiendo perdido	pierdo pierdes pierde perdemos perdéis pierden	perdí perdiste perdió perdimos perdisteis perdieron	perdía perdías perdía perdíamos perdíais perdían	perderé perderás perderá perderemos perderéis perderán
poder ~할 수 있다 pudiendo podido	puedo puedes puede podemos podéis pueden	pude pudiste pudo pudimos pudisteis pudieron	podía podías podía podíamos podíais podían	podré podrás podrá podremos podréis podrán
poner 놓다 poniendo puesto	pongo pones pone ponemos ponéis ponen	puse pusiste puso pusimos pusisteis pusieron	ponía ponías ponía poníamos poníais ponían	pondré pondrás pondrá pondremos pondréis pondrán
practicar 연습하다 practicando practicado	practico practicas practica practicamos practicáis practican	practiqué practicaste practicó practicamos practicasteis practicaron	practicaba practicabas practicaba practicábamos practicabais practicaban	practicaré practicarás practicará practicaremos practicaréis practicarán
preferir 선호하다 prefiriendo preferido	prefiero prefieres prefiere preferimos preferís prefieren	preferí preferiste prefirió preferimos preferisteis prefirieron	prefería preferías prefería preferíamos preferíais preferían	preferiré preferirás preferirá preferiremos preferiréis preferirán

직설법	접속법		명령형
가정미래	현재	불완료과거 (-ra형)	
pensaría pensarías pensaría pensaríamos pensaríais pensarían	piense pienses piense pensemos penséis piensen	pensara pensaras pensara pensáramos pensarais pensaran	x piensa piense pensemos pensad piensen
perdería perderías perdería perderíamos perderíais perderían	pierda pierdas pierda perdamos perdáis pierdan	perdiera perdieras perdiera perdiéramos perdierais perdieran	x pierde pierda perdamos perded pierdan
podría podrías podría podríamos podríais podrían	pueda puedas pueda podamos podáis puedan	pudiera pudieras pudiera pudiéramos pudierais pudieran	x puede pueda podamos poded puedan
pondría pondrías pondría pondríamos pondríais pondrían	ponga pongas ponga pongamos pongáis pongan	pusiera pusieras pusiera pusiéramos pusierais pusieran	x pon ponga pongamos poned pongan
practicaría practicarías practicaría practicaríamos practicaríais practicarían	practique practiques practique practiquemos practiquéis practiquen	practicara practicaras practicara practicáramos practicarais practicaran	x practica practique practiquemos practicad practiquen
preferiría preferirías preferiría preferiríamos preferiríais preferirían	prefiera prefieras prefiera prefiramos prefiráis prefieran	prefiriera prefirieras prefiriera prefiriéramos prefirierais prefirieran	x prefiere prefiera prefiramos preferid prefieran

법	직설법			
시제 / 동사	현재	단순과거	불완료과거	단순미래
querer 좋아하다 queriendo querido	quiero quieres quiere queremos queréis quieren	quise quisiste quiso quisimos quisisteis quisieron	quería querías quería queríamos queríais querían	querré querrás querrá querremos querréis querrán
recordar 기억하다 recordando recordado	recuerdo recuerdas recuerda recordamos recordáis recuerdan	recordé recordaste recordó recordamos recordasteis recordaron	recordaba recordabas recordaba recordábamos recordabais recordaban	recordaré recordarás recordará recordaremos recordaréis recordarán
repetir 반복하다 repitiendo repetido	repito repites repite repetimos repetís repiten	repetí repetiste repitió repetimos repetisteis repitieron	repetía repetías repetía repetíamos repetíais repetían	repetiré repetirás repetirá repetiremos repetiréis repetirán
saber 알다 sabiendo sabido	sé sabes sabe sabemos sabéis saben	supe supiste supo supimos supisteis supieron	sabía sabías sabía sabíamos sabíais sabían	sabré sabrás sabrá sabremos sabréis sabrán
salir 나가다 saliendo salido	salgo sales sale salimos salís salen	salí saliste salió salimos salisteis salieron	salía salías salía salíamos salíais salían	saldré saldrás saldrá saldremos saldréis saldrán
seguir 계속하다 siguiendo seguido	sigo sigues sigue seguimos seguís siguen	seguí seguiste siguió seguimos seguisteis siguieron	seguía seguías seguía seguíamos seguíais seguían	seguiré seguirás seguirá seguiremos seguiréis seguirán

직설법	접속법		
가정미래	현재	불완료과거 (-ra형)	명령형
querría querrías querría querríamos querríais querrían	quiera quieras quiera queramos queráis quieran	quisiera quisieras quisiera quisiéramos quisierais quisieran	x quiere quiera queramos quered quieran
recordaría recordarías recordaría recordaríamos recordaríais recordarían	recuerde recuerdes recuerde recordemos recordéis recuerden	recordara recordaras recordara recordáramos recordarais recordaran	x recuerda recuerde recordemos recordad recuerden
repetiría repetirías repetiría repetiríamos repetiríais repetirían	repita repitas repita repitamos repitáis repitan	repitiera repitieras repitiera repitiéramos repitierais repitieran	x repite repita repitamos repetid repitan
sabría sabrías sabría sabríamos sabríais sabrían	sepa sepas sepa sepamos sepáis sepan	supiera supieras supiera supiéramos supierais supieran	x sabe sepa sepamos sabed sepan
saldría saldrías saldría saldríamos saldríais saldrían	salga salgas salga salgamos salgáis salgan	saliera salieras saliera saliéramos salierais salieran	x sal salga salgamos salid salgan
seguiría seguirías seguiría seguiríamos seguiríais seguirían	siga sigas siga sigamos sigáis sigan	siguiera siguieras siguiera siguiéramos siguierais siguieran	x sigue siga sigamos seguid sigan

법	직설법			
시제 / 동사	현재	단순과거	불완료과거	단순미래
sentar 앉히다 sentando sentado	siento sientas sienta sentamos sentáis sientan	senté sentaste sentó sentamos sentasteis sentaron	sentaba sentabas sentaba sentábamos sentabais sentaban	sentaré sentarás sentará sentaremos sentaréis sentarán
sentir 느끼다 sintiendo sentido	siento sientes siente sentimos sentís sienten	sentí sentiste sintió sentimos sentisteis sintieron	sentía sentías sentía sentíamos sentíais sentían	sentiré sentirás sentirá sentiremos sentiréis sentirán
ser ~이다 siendo sido	soy eres es somos sois son	fui fuiste fue fuimos fuisteis fueron	era eras era éramos erais eran	seré serás será seremos seréis serán
servir 봉사하다 sirviendo servido	sirvo sirves sirve servimos servís sirven	serví serviste sirvió servimos servisteis sirvieron	servía servías servía servíamos servíais servían	serviré servirás servirá serviremos serviréis servirán
tener 가지다 teniendo tenido	tengo tienes tiene tenemos tenéis tienen	tuve tuviste tuvo tuvimos tuvisteis tuvieron	tenía tenías tenía teníamos teníais tenían	tendré tendrás tendrá tendremos tendréis tendrán
tocar 만지다 tocando tocado	toco tocas toca tocamos tocáis tocan	toqué tocaste tocó tocamos tocasteis tocaron	tocaba tocabas tocaba tocábamos tocabais tocaban	tocaré tocarás tocará tocaremos tocaréis tocarán

직설법	접속법		명령형
가정미래	현재	불완료과거 (-ra형)	
sentaría sentarías sentaría sentaríamos sentaríais sentarían	siente sientes siente sentemos sentéis sienten	sentara sentaras sentara sentáramos sentarais sentaran	x sienta siente sentemos sentad sienten
sentiría sentirías sentiría sentiríamos sentiríais sentirían	sienta sientas sienta sintamos sintáis sientan	sintiera sintieras sintiera sintiéramos sintierais sintieran	x siente sienta sintamos sentid sientan
sería serías sería seríamos seríais serían	sea seas sea seamos seáis sean	fuera fueras fuera fuéramos fuerais fueran	x sé sea seamos sed sean
serviría servirías serviría serviríamos serviríais servirían	sirva sirvas sirva sirvamos sirváis sirvan	sirviera sirvieras sirviera sirviéramos sirvierais sirvieran	x sirve sirva sirvamos servid sirvan
tendría tendrías tendría tendríamos tendríais tendrían	tenga tengas tenga tengamos tengáis tengan	tuviera tuvieras tuviera tuviéramos tuvierais tuvieran	x ten tenga tengamos tened tengan
tocaría tocarías tocaría tocaríamos tocaríais tocarían	toque toques toque toquemos toquéis toquen	tocara tocaras tocara tocáramos tocarais tocaran	x toca toque toquemos tocad toquen

법	직설법			
시제 / 동사	현재	단순과거	불완료과거	단순미래
traer 가져오다 trayendo traído	traigo traes trae traemos traéis traen	traje trajiste trajo trajimos trajisteis trajeron	traía traías traía traíamos traíais traían	traeré traerás traerá traeremos traeréis traerán
venir 오다 viniendo venido	vengo vienes viene venimos venís vienen	vine viniste vino vinimos vinisteis vinieron	venía venías venía veníamos veníais venían	vendré vendrás vendrá vendremos vendréis vendrán
ver 보다 viendo visto	veo ves ve vemos veis ven	vi viste vio vimos visteis vieron	veía veías veía veíamos veíais veían	veré verás verá veremos veréis verán
volver 돌아가다 volviendo vuelto	vuelvo vuelves vuelve volvemos volvéis vuelven	volví volviste volvió volvimos volvisteis volvieron	volvía volvías volvía volvíamos volvíais volvían	volveré volverás volverá volveremos volveréis volverán

직설법	접속법		명령형
가정미래	현재	불완료과거 (-ra형)	
traería traerías traería traeríamos traeríais traerían	traiga traigas traiga traigamos traigáis traigan	trajera trajeras trajera trajéramos trajerais trajeran	x trae traiga traigamos traed traigan
vendría vendrías vendría vendríamos vendríais vendrían	venga vengas venga vengamos vengáis vengan	viniera vinieras viniera viniéramos vinierais vinieran	x ven venga vengamos venid vengan
vería verías vería veríamos veríais verían	vea veas vea veamos veáis vean	viera vieras viera viéramos vierais vieran	x ve vea veamos ved vean
volvería volverías volvería volveríamos volveríais volverían	vuelva vuelvas vuelva volvamos volváis vuelvan	volviera volvieras volviera volviéramos volvierais volvieran	x vuelve vuelva volvamos volved vuelvan

기초 스페인어 스피치

초판 1쇄 발행 2010년 2월 25일
초판 2쇄 발행 2011년 8월 25일
초판 3쇄 발행 2015년 2월 25일
초판 4쇄 발행 2019년 2월 25일

지은이 이강국, 성초림, 김준한, 곽재용
발행인 김인철
총괄 · 기획 가정준 Director, University Knowledge Press
편집장 신선호 Executive Knowledge Contents Creator
도서편집 박현정 Contents Creator
전자책편집 인은주 e-Contents Creator
재무관리 강현주 Managing Creator
사전 · 출판 정준희 Contents Creator
마케팅 파트장 백승이 Chief Marketing Creator
마케팅 이현진 Marketing Creator
발행처 한국외국어대학교 지식출판콘텐츠원
02450 서울특별시 동대문구 이문로 107
전화 02)2173-2493~7
FAX 02)2173-3363
홈페이지 http://press.hufs.ac.kr
전자우편 press@hufs.ac.kr
출판등록 제6-6호(1969. 4. 30)
디자인 · 편집 (주)이환디앤비 02)2254-4301
인쇄 · 제본 네오프린텍(주) 02)718-3111

ISBN 978-89-7464-598-4 18770 정가 14,000원

* 잘못된 책은 교환하여 드립니다.

HU:NE 은 한국외국어대학교 지식출판콘텐츠원의 어학도서, 사회과학도서, 지역학 도서 Sub Brand이다. 한국외대의 영문명인 HUFS, 현명한 국제전문가 양성(International+Intelligent)의 의미를 담고 있으며, 휴인(携引)의 뜻인 '이끌다, 끌고 나가다'라는 의미처럼 출판계를 이끄는 리더로서, 혁신의 이미지를 담고 있다.

이 책의 음원(mp3)은 한국외국어대학교 지식출판콘텐츠원 홈페이지(press.hufs.ac.kr) – 게시판 – 자료실에서 다운받아 사용하시기 바랍니다.